大唐玄奘

DATANG XUANZANG

李兆庆 著

中国文史出版社

图书在版编目（ＣＩＰ）数据

大唐玄奘 / 李兆庆著 . — 北京：中国文史出版社，
2018.8

ISBN 978-7-5205-1024-0

Ⅰ . ①大… Ⅱ . ①李… Ⅲ . ①玄奘（602-664）—传
记 Ⅳ . ① B949.92

中国版本图书馆 CIP 数据核字 (2019) 第 027170 号

责任编辑： 张蕊燕
封面设计： 秋　雨

出版发行： 中国文史出版社

社　　址： 北京市海淀区西八里庄 69 号院　**邮编：** 100142
电　　话： 010-81136606 81136602 81136603（发行部）
传　　真： 010-81136655
印　　装： 北京温林源印刷有限公司
经　　销： 全国新华书店
开　　本： 1/16
印　　张： 14　字数：110 千字
版　　次： 2019 年 6 月北京第 1 版
印　　次： 2019 年 6 月第 1 次印刷
定　　价： 49.00 元

目 录

第一章

发轫之初

金人入梦，白马驮经。两汉之际，佛教由古印度传入中国。随后，佛教对中国的政治、经济、思想、雕塑、绘画、建筑、文学等诸领域都产生了深远的影响，已经成为中国艺术宝库中不可缺少的元素之一。其间历经数代高僧大德的弘扬提倡，甚至连许多帝王卿相、饱学鸿儒也纷纷加入其中，佛教终于深入社会各个阶层。理所当然，中国虔诚的佛教徒把佛教的发源地古印度，当作心中的圣地。为瞻仰佛迹，寻求佛理，探究佛经的原典，西去求法者前赴后继，如过江之鲫。自三国到明代，一千多年间，他们满怀一腔宗教热忱，"轻万死以涉葱河，重一言而之奈苑"，历经艰险，忍受饥寒，舍生忘死，去探寻真理的佛光。

　　在这些数以千计西行求法的高僧队伍中，以三国的朱士行，东晋的法显，唐朝的玄奘、义净，尤为著称。这四位高僧中，法显著有《佛国记》（又名《法显传》），玄奘著有《大唐西域记》，义净著有《南海寄归内法传》流传于世。玄奘的《大唐西域记》记载着翔实的陆路见闻，而法显的《佛国记》中陆路要详于海路，义净的《南海寄归内法传》侧重记述有关南海各地的地理风貌。这三部游记中，尤其以玄奘的《大唐西域记》凭借内容丰富、文字流畅、叙事翔实而蜚声海内外，不但对中国地理学的贡献达到了一个前所未有的水平，对印度地理学的贡献也非常巨大。

史载，三国时期素有法号"八戒"之称的朱士行作为中国第一个西行求法的高僧。朱士行出家受戒以后，在洛阳钻研、讲解《小品般若经》，感到经中译理未尽。他听说西域有完备的《大品经》，就决心远行去寻找原本。公元260年，朱士行从雍州出发，走出阳关，越过流沙密布的沙漠，到达于阗，得到《大品经》梵本。

作为第二个到达印度的僧人法显历经十四年，从长安出发，经河西走廊、敦煌以西的沙漠到焉夷，向西南穿过今塔克拉玛干大沙漠抵于阗，南越葱岭，取道今印度河流域，经今巴基斯坦进入阿富汗，后来到达天竺（今印度）境内，足迹踏遍西、中、东三印度，游历二十多个国家，收集了大批梵文经典，前后历时十四年，最后于义熙九年乘商船东归，中途经耶婆提（今苏门答腊岛或爪哇岛）时，换船北航。

唯独玄奘"乘危远迈，策杖孤征"，西行五万里，途经西域各国，历经艰辛到达印度佛教中心那烂陀寺取真经。前后在印度旅行十七年，遍历五印度，而且升至印度佛教中心那烂陀寺副主讲的位置，在曲女城法会上获得了佛界最高称号"大乘天"和"解脱天"，最后带回佛舍利一百五十粒、佛像七尊、经论六百五十七部，仍由陆路返抵长安。他勇于冒险，徒步丈量了丝绸之路，传播了佛教，在唐代创造了中国人探险精神的一个奇迹。他所取得的成就和突出的贡献，远远超出佛教范畴。

玄奘以无我无人无众生无寿者相，不畏生死的精神，西行取佛经，体现了大乘佛法菩萨，渡化众生的真实事迹。其"截伪续真，开兹后学"对中国佛教乃至整个中国文化都具有革命性的意义。他的足迹遍布印度，影响远至日本、韩国以至全世界。玄奘的思想与精神如今已是中国乃至世界人民的共同财富。因此，他被后世称为中国历史上独步千古的佛门大师，其爱国精神及护持佛法的精神和巨大贡献被誉为"中华民族的脊梁"。

隋文帝开皇二十年，公元 600 年，玄奘诞生于今偃师缑氏镇陈河村（当时洛州缑氏县游山乡控鹤里凤凰谷陈村）。缑氏镇历史悠久，人杰地灵，因春秋时期周灵王缑姓皇后诞生此地而得名。缑氏镇东临俊秀挺拔的中岳嵩山，西与大口乡、高龙镇相接，南傍伏牛山与佛光乡交界，北依白云岭与顾县镇接壤。而嵩山以禅室祖庭、武学渊源的少林寺而闻名于世，也是中国佛教圣地之一。玄奘诞生的这块中原土地，绝对是一片与佛结缘的沃土。

出家前，玄奘俗姓陈，单名祎，玄奘是其法名，门人则多尊称其为"三藏法师"。陈家本为儒学世家，乃东汉太丘长陈寔（陈仲弓）之后，高祖陈湛曾任北魏清河太守；曾祖陈钦曾任东魏上党太守；祖父陈康以学优仕北齐，任国子博士；其父陈惠（也作陈慧）"英杰有雅操，早通经术"，隋朝时曾任江陵县令，基于隋末政治惨淡，遂无意于仕途，大业末年急流勇退，婉拒地方官吏的举荐，解缨返里、挂冠居家、潜心坟典、隐居以终，当时的有识之士都称赞他的志节和风骨。他精通四书五经，尤其对儒家和佛家经典颇有研究。其母宋氏为隋朝洛州长史宋钦之女，她性情温存贤惠，知书达理，又乐善好施，在众乡邻之间留下极好的口碑。他们夫妇共育有四子一女，玄奘最小，有一女儿嫁至瀛洲张家，至玄奘晚年（显庆二年，公元 657 年）方得相晤。玄奘出生时，适值佛教在中国广泛传播的时代。

大凡对推动社会的发展具有杰出贡献的人，他的诞生都伴随着一个近似神话的故事。玄奘也不例外，他出生不久，其母宋氏曾做过一个奇怪的梦。梦见玄奘一身素裹，骑着一匹俊秀飘逸的白马决然西去。或许，这在冥冥之中已对玄奘一生的远大志向和追求都事先做了安排。

玄奘五岁时，其母宋氏病逝，六岁上，其父陈惠自江陵县令回归故里，从此杜门不出，专事抚育幼儿。对满腹经纶、淡泊名利的陈惠而言，把兴复家业、光宗耀祖的希望寄托在四个儿子身上。

玄奘自"幼而珪璋特达，聪悟不群"，出生于这样的名门世家，又饱受儒道百家的熏染。好读书而求甚解，每遇到疑难问题，便缠着父亲问个不停，问不出结果不肯罢休。

七八岁时，当父亲为他讲授《孝经》中的"曾子避席"一章节时，玄奘连忙整襟而起。父亲惊问其故，他垂着双臂，毕恭毕敬地回答："曾子闻师命而避席，我做儿子的今奉慈训，又怎么有安坐不动的道理呢？"

见玄奘早慧，其父惊诧不已，思忖他日后必成大器，于是对玄奘抱有极高的期望，殚精竭虑地为他讲解各种儒学典籍。此后，在父亲的循循诱导下，幼小的玄奘"自后备通经典，而爱古尚贤，非雅正之籍不观，非圣哲之风不习"。

然而，好景不长，玄奘的学业未能持久，其母早亡，在玄奘十岁那年，其父陈惠又不幸撒手人寰，为他过早步入佛门埋下伏笔。富甲一方的陈家遭遇巨大的变故，既有的祖业已消耗殆尽，加上父母双亡，冷酷的现实把成为孤儿的玄奘推上世态炎凉的社会。

事实上，玄奘的三个兄长中，次兄陈素，早年于洛阳净土寺出家为僧，法名长捷法师。他以讲经说法闻名佛界，与当时的名僧并驾齐驱。"其亦风神朗俊，体状魁杰，加之秀美。每出外衢路观者，莫不驻车停盖。讲《涅槃经》《摄大乘论》《阿毗昙》。兼通史传，及善老庄，为蜀人所慕。"他的学问丝毫不亚于其父陈惠。次兄陈素是玄奘遁入佛门的领路人。

公元 610 年，在走投无路的情况下，玄奘随次兄陈素来到洛阳净土寺，成为一名佛门童子，晨夕诵习一些佛经。

由于父母双亲丧亡，家道困窘，兄弟俩少罹穷困，眼下只好安身于佛门，相依为命。每天长捷法师都向他传授佛教义理，还教授给他辩论的技巧。在次兄陈素的谆谆教诲下，玄奘的学问大有长进。

据悉，佛教是三千多年前古印度的迦毗罗卫国王子乔达摩·悉达多所创。由于他属于释迦族，后人又称他为释迦牟尼，意思是释迦族的圣人。公元前6世纪到公元前5世纪，佛教在印度广为流传。当印度佛教兴盛之时，阿育王派遣众多传教士到四方传布佛教教义，弘扬佛法。于是，佛教开始在印度以外的地区，如斯里兰卡、缅甸，以及中亚、西域一带传播，印度佛教终于成为世界性宗教。当佛教创始人释迦牟尼逝世后，佛教内部由于对释迦牟尼所说的教义持有不同的理解和阐发，进而形成了许多不同的派别。按照教理的不同，以及形成时期的先后，可归纳为大乘和小乘两个宗派。小乘和大乘最大的区别就在于慈悲和智慧，《本来清净经》云："智慧与慈悲，此大即大乘，此小即小乘。"大乘的智慧如大海一般深与宽，小乘的智慧如井水一般浅与窄。

在随次兄陈素学习佛经五年期间，玄奘涉猎小乘和大乘佛教，而更偏好于大乘，因此短短一年就熟读了大乘要典《妙法莲华经》和《维摩诘经》。次兄陈素见他聪慧颖悟，颇具佛家慧根，便极力向景法师和严法师推荐。景、严两位法师分别授以《涅槃经》和《摄大乘论》（亦简称《摄论》），玄奘则"一闻将尽，再览之后，无复所遗"。大家都深感惊奇，就让他升座复述一遍。他不看经文，讲述得十分熟稔，像泉水一样喷涌而出，而且剖析入里，竟能畅达师宗，表现出超人的悟性和才华。这一年，玄奘不过十三岁，嘉名便播扬净土寺内外，与法相唯识学结下了不解之缘。

公元612年，向佛的隋炀帝敕旨，要在洛阳剃度十四名和尚，这在严格控制僧人数量的时代，其机会弥足珍贵。谁知闻讯报名者数以百计，其中不乏饱读经书、对佛学颇有研究之士。玄奘因为年龄尚小，不在应选之列，只好立在一旁热切观望。

奉旨前来选拔佛学才俊的主考官是大理寺卿郑善果，其人古道热肠，具有一双慧眼，他看到这位相貌俊秀的美少年，风骨非同寻常，心里暗暗称奇。郑善果便走向前去，问玄奘："你是不是也想出家？"

玄奘恭敬答道:"我有志于剃度出家,但因年龄尚幼,未能如愿。"

郑善果继续问道:"童子出家,意欲何为?"

玄奘答道:"意欲远绍如来,返光遗法。"

闻其言,郑善果深感惊奇,觉得眼前这位稚气未脱的孩子志向非凡,将来必定成为弘扬佛法的中流砥柱,便力排众议,破格为玄奘安排了剃度。

后来,郑善果对同僚感慨万千地说:"一般出家之人,念佛经容易,独有风骨尤为难得。今日我们破格录取的童子,日后必定成为佛界砥柱,可惜我与诸公年事已高,看不到他成才之日了!"

这样,在郑善果的大力推荐下,玄奘阴错阳差地得以在净土寺出家为沙弥,成为一名名副其实的僧人,开始步入佛门。

此后,少年玄奘正如郑善果所期望的那样,潜心攻读经论,虚心向高僧大德问学,对佛学彰显出过人的才赋,深得有道高僧的称赞。仅仅五六年的时间,玄奘的佛学才华便崭露峥嵘,声名远播洛阳内外。

第二章。——

遍访名师

当一心向佛的玄奘随次兄陈素在洛阳净土寺里潜心研读佛典时，隋朝境内却是兵燹灾荒交替，战火蔓延。公元 617 年，不堪忍受隋炀帝的骄奢淫逸，荒废朝政，穷兵黩武，各地农民纷纷揭竿而起。各地起义军渐成气候，形成以李密瓦岗寨农民起义军、窦建德起义军、杜伏威起义军为首的三支主力，他们分别活动在今河南、河北、山东和江淮一带，以摧枯拉朽之势瓦解着隋王朝的统治，将隋朝主要兵力分隔于江都（今江苏扬州）、洛阳、长安三处，使隋朝陷入四分五裂的状态。

于是，隋炀帝委任江都宫监王世充率江淮精兵驰援洛阳，平定农民起义军，致使洛口一带，断壁残垣，狼烟四起，白骨遍野。

公元 618 年春，李密率瓦岗寨精兵七千，攻取兴洛仓（即洛口仓，因地处洛水入黄河之口而得名），占据仓城，打开粮仓，赈济灾民，步步逼近东都洛阳，城内大乱，战火一度蔓延至净土寺。

眼看着连最起码果腹的粥饭都无法供给，高僧们连肚子都填不饱，更别提谈佛论道了。玄奘在净土寺已出家数年，年龄尚小，在瞬息万变的社会形势下审时度势、权衡利弊之后，他找到次兄陈素，说："此虽父母之邑也，而丧乱若兹，岂可守而死也！余闻唐帝驱晋阳之众，已拥有长安，天下依归，如适父母，愿与兄投也。"

陈素见玄奘所言极是，况且洛阳实在难以为继了，遂随他的建议。是年春，两人结伴离开洛阳净土寺，途中偶遇前往长安避难的道基法师，于是，玄奘兄弟随从法师西入长安，寓居于长安庄严寺。然而，由于庄严寺疏于修缮，变得破败不堪，已无多少庄严肃穆之气。

此时的长安刚刚易主，隋朝灭亡，大唐草创，兵甲尚兴。倒台的隋炀帝也笃好佛教，力推佛教的发展。隋文帝杨坚出生于具有浓厚佛教信仰的佛化家庭中，其父亲杨忠就曾营造过佛寺（栖严寺）。西魏大统七年（公元541年）六月十三日，隋文帝出生于冯翊（今陕西大荔县）的般若尼寺，"于时赤光照室，流溢外户。紫气满庭，状如楼阙。色染人衣。内外惊禁。奶母以时炎热就而扇之。寒甚几绝。困不能啼"，后由比丘尼抚养长大。

立国后，隋文帝施政的第一步采取了一系列促进佛教复兴的措施，建寺立塔，造像写经，不遗余力，为推进佛教在中国的正式化、国家化、制度化方面做出积极贡献。此外，隋文帝在五台山大建佛寺，使其后来成为中国的四大佛教名山之一。著名的少林寺曾经一度毁于北周，经隋文帝重建，得以复兴。

值得庆幸的是，唐王朝统治者也高度重视佛教的整顿和利用。李唐一代既有唐高祖宗国学，并以王室和老子（李耳）同姓李为由，下诏叙三教先后：老先，次孔，末释。唐代的僧尼对唐初执行崇道抑佛的政策甚为不满，这正是武则天可以利用的社会力量。垂拱四年（公元688年）六月，武后则天则利用佛教徒伪造《大云经》：

> 发我铭者小人，读我铭者圣君……三六年少唱唐唐，次第还唱武媚娘。……化佛从空来，摩顶为授记。光宅四天下，八表一时至。民庶尽安乐，方知文武炽。千秋不移宗，十八成君子。歌曰：非旧非新，交七为身，傍山之下，到出圣人。

自称弥勒下生，当为皇帝，实为佛祖之意。公元690年，武则天改国号为周，改元天授，正式称帝，成为中国历史上唯一的女皇。

由于佛教为武则天立下汗马功劳，所以她一反李唐皇帝"道在佛先"的排列，下制：释教"开革命之阶……自今以后，释教宜在道法之上，缁服（僧人）处黄冠（道士）之前。"另外，她亲自为八十卷《华严经》译本作序。她奉佛，更多是为自己广积功德。她更偏好道教，从其"玄元皇帝"的封号中可窥知一二。

李氏父子因忙于争夺权力，无暇提倡佛教。所以，偌大的京都城里，竟然找不到一个佛学的讲筵。玄奘兄弟本意来长安求师问道，见此情此景，不禁大失所望。后来获悉许多名僧大都云集在战火尚未殃及的蜀地求佛问道。故蜀地一度成为西南方面的佛教中心。

虽然中原腹地战火连绵，生灵涂炭，但因蜀道之难而与中原隔绝。沃野千里的天府之国仍旧是一片世外桃源，晨钟暮鼓替代刀光剑影的厮杀，宝刹寺庙替代马革裹尸的疆场。因此，这里是一块"慈门数片叶，道树一林花"的佛门净土。巴蜀就像佛陀敞开仁慈的胸怀接纳、养育着在水深火热之中苦苦挣扎的芸芸众生。

于是，玄奘再度启请次兄陈素道："此无法事，不可虚度，愿游蜀受业焉。"

不久，陈素听从玄奘的建议，离开长安南下，经子午谷，翻越天险秦岭，到达汉川。玄奘与次兄行至剑阁山中的一小寺，正碰到在洛阳讲过经的空、景两位法师。他们都是学识渊博的讲论大德。于是，玄奘兄弟便在寺内滞留一月有余，从两位大德听受《摄大乘论》等，最后大家结伴向蜀地进发。即使在旅途中，玄奘也丝毫不放过向两位大德学习的机会。至冬，他们一行终于抵达成都。

此时，四海的大德僧伽都云集在巴蜀之地，遂大开法筵，激烈论辩。玄奘与次兄陈素先暂住在多宝寺，后又搬进空慧寺。玄奘学佛求法之心空前高涨，先后听取宝暹《摄大乘论》、从道基学《毗昙》、从道振法师听讲《迦旃延阿毗昙》。他敬惜寸阴，励精无怠，两三年内，便究通诸部。在五湖四海前来听讲经的数百名僧众之中，尤以玄奘学识渊博而卓绝群伦。登座讲论,不视经卷而滔滔不绝,博通古今,众人都惊奇他的忆念之力,终古罕类。这使玄奘声名鹊起,一时吴、蜀、荆、楚间,无人不晓其名。连座主之一的道基法师也赞道:"予游将肆多矣,未见少年神悟若此。"

公元 620 年,二十一岁的玄奘在成都受了具足戒(又可称受比丘戒)。那天,空慧寺钟鼎齐鸣,鼓乐喧天,玄奘在戒师的引领下,款步来到戒坛,先绕坛三圈,拈香礼佛,然后由戒师开导明授"四重戒"和"十善戒"。从此,玄奘正式取得僧伽的资格。

具足戒,又作近圆戒、近具戒、大戒,略称具戒,是佛教僧伽的最高戒律。具足戒者,当身体强健,诸根具足,无有聋盲等众患,身器清净,无有边罪、犯比丘尼、贼住等杂过,具出家之相,剃除须发,披着袈裟,已受沙弥(尼)戒,且年龄已满二十岁而未逾七十岁之间。盖具足戒亦仅标示主要之戒律,令持戒者由此而于一切境界中远离罪恶,趋于圆足,故谓具足戒。

玄奘受了具足戒,发誓遵守二百五十条戒律,此时唐朝才为他发放正式的度牒(即当和尚的资格凭证)。于是,玄奘成为一名官方认可的僧伽,并享有一定的待遇,也具有独立讲经的资格了。他是真正的厚积薄发,很快在蜀地佛学圈的声望就赶上了次兄陈素。那些目睹过陈素风采的人,如今见玄奘年纪轻轻就精通佛学,赞叹不已。时人给予玄奘、陈素两位佛门兄弟极高的声誉,称他们为"陈门双骥"。

在以后的数十年间,玄奘先后遍历陇、蜀、荆、赵等地,参谒宿老,探访名师,足迹遍及半个中国。分别从景、严、空、慧景、道基、宝暹、道振、慧休、道深、道岳、法常、僧辩、玄会等法师学习《涅槃经》《摄大乘论》《毗昙》《迦旃延阿毗昙》《婆沙》《杂心》《成实论》,以及《俱舍论》等佛学经典。

公元 622 年,二十三岁的玄奘对蜀中所传经论都探究完毕,素有"天府之国"称号的巴蜀已盛装不下他蓬勃的求知欲，他想入京寻求更高深的学问。当他听说道深法师（研究《成实论》的学者）在千里之遥的赵地讲学，乃计划从巴蜀沿江东下，然后北上相州（今安阳）、赵州（河北赵县），抵达京师。

隋朝末年，兵灾连连，海内鼎沸，百姓苦不堪言。公元 618 年，瓦岗军直逼东都，天下大乱，隋帝无力回天。听说唐主李渊起兵晋阳，攻克长安，天下依归，玄奘遂又建议次兄陈素共赴长安。但玄奘这次规划好的行程计划在喜好安逸的次兄陈素那里受阻。

玄奘对次兄陈素说："学贵经远，义重疏通，钻即一方，未成探赜。"

次兄陈素闻言后，颇感意外，不同意他离开蜀地，说："这和当初离开洛阳不一样啊！那时我们是为了求学，同时躲避战乱。现在国家太平，我们在这里也取得如此高的声望，何必再东奔西走，饱受舟车劳顿之苦？"

燕雀安知鸿鹄之志哉！次兄陈素留恋眼前的宁静和安逸，而玄奘向往的是云游天下求学、遍访名师求知的乐趣。道不同不相为谋，亦各从其志也。这对相依为命的兄弟，自此在蜀地分道扬镳，他们兄弟俩再没有见过面。直到麟德元年（公元 664 年）玄奘圆寂后，才葬在长安东郊浐水东原，与次兄陈素以坟为邻。

公元 623 年，玄奘未听从次兄陈素的苦苦劝阻，放下手足之情，独自远行。他与商人结伴，沿岷江泛舟而下，穿峨眉，渡三峡，直抵湖北荆州。

荆州，古称"江陵"，是春秋战国时楚国都城所在地。荆州之名源于《尚书·禹贡》，"荆及衡阳惟荆州"，为古九州之一，以境内蜿蜒高耸的荆山得名。荆是古代楚国的别称，因楚曾建国于荆山，故古时荆、楚通用。沙市始称津或江津，成为江陵县的重要商埠和码头。

玄奘孑然一人来到荆州，便进驻于荆州的第一大寺天皇寺。他在天皇寺讲经，自夏至冬，一连讲了三遍。当时汉阳王李镶任荆州都督，闻玄奘来此，深表钦慕之意，开讲之日，他亲自率领群僚及僧伽前来拜谒。讲罢一章节，一时刁难诘难，层出不穷；玄奘沉着冷静，对答如流，使诸多诘难都迎刃而解。

　　对玄奘的博学，李镶也赞叹不已，施送的礼物堆积如山，他却分毫不取，全部捐赠给天皇寺。

　　随后，玄奘辞别荆州沿江东下，来到南方的扬州、吴会等地，拜会名僧智琰。智琰年已六旬，乃江汉英灵，解穷三藏，对这位佛门的青年才俊礼遇甚隆，施以师长之礼。他喜极而泣，感叹说："岂期以桑榆末光，得遇太阳初晖乎！"两人相互切磋佛法，终成忘年之交。

　　获得三藏法师称号那一年，玄奘年仅二十四岁。在佛教中，三藏法师是对精通佛教圣典中之经藏、律藏、论藏三藏者的尊称。在中国，对前往天竺（今印度）、西域（今新疆、中亚诸地区）求取佛典、从事汉译的僧侣，常尊为译经三藏或三藏法师。

　　公元 624 年冬末，玄奘又从南方折返北上，进驻中原相州的慈润寺，向慧休法师受学《杂心论》和《摄大乘论》，并与三阶教信行弟子灵琛会晤。不觉间，八个月过去了，玄奘惜别灵琛，又踏上新的旅程。

　　此时，寒风凛冽，严冬已降临人间，冰封的大河失去涛声，长城内外被厚厚的雪花包裹着，呈现在眼前的是一个粉雕玉琢的世界。此时，玄奘的心中却像揣着一团火焰，他不畏严寒，只身前赴赵州，从道深法师学习《成实论》。

　　《成实论》是一部佛教论书，相传为古印度诃梨跋摩所著，后秦高僧鸠摩罗什译本共十六卷（一作十四卷或二十卷）。成实即成就四谛之意，为反对小乘说一切有部"诸法实有"理论，提倡"人法二空"，弘扬苦、集、灭、道四谛之理。相传诃梨跋摩为说一切有部著名论师鸠摩罗什（童寿）弟子，初信其师学说，后来觉得这些没有摆脱《大毗婆沙论》的束缚，拘泥于名相，烦琐支离，乃自穷三藏，以探教说之本源。后到华氏城，随多闻部学习，接触到大乘思想，又泛览九经，评量五部（律），旁究异说，考核诸论，因而著作此论。

两百多年来，研究剖析《成实论》的高僧甚多，逐渐形成专讲此论的成实学派，如僧柔、慧次、道庞、道亮、法云、僧旻、智藏、洪偃、明彦、智脱等均以《成实论》成为方家。眼下，玄奘欲投身的道深法师，也是一位研究《成实论》的名家。

玄奘在赵州的十个月里，兢兢业业，寒暑无虞，每日梵钟一响，便去寺内闻听道深法师讲解《成实论》。道深法师对玄奘的领悟能力和探求佛法的精神，深感钦佩。

第三章

矢志西行

公元 625 年秋，天高气爽，群雁南迁，玄奘迎着舒爽的秋风，顶着漫卷的落叶，踏入长安城，进驻大觉寺。

经过唐朝新主的初步恢复，长安再度成为大唐帝国的政治、经济、文化中心，而且也是佛教圣地。但见城内庙宇庄严，宝刹层叠，梵音悠悠，香烟袅袅，经声琅琅。在大觉寺里，玄奘跟随道岳法师学习《俱舍论》。此时，他已通究诸部，造诣颇深，蜚声京师内外。

当时，长安有法常、僧辩两位大师，解究二乘行穷三学，一时号称法门宗匠，前来求学者络绎不绝，数以千计，云集门下。玄奘跟随二法师学《摄大乘论》。对他们的高深理论，玄奘不仅触类旁通，尚能举一反三。两位高僧也对玄奘超群的记忆力和惊人的理解力叹为观止，赞誉为"佛门千里驹"。

如果说公元 5 世纪的法显是因为痛感佛经的匮乏才下定西去求法的决心，那么公元 7 世纪的玄奘，情况恰好相反，为搞清佛经的真正本源，才萌发前往佛教发源地印度，求取真经，问惑辨疑之志。玄奘遍访高僧大德，广泛汲取百家之长，经仔细推敲，发现各流派学说众说纷纭，莫衷一是，问惑辨疑不一，验之圣典，亦隐显有异，无所适从。

当时的唐朝，汉译佛经大多残缺不全，同一部佛经却存在不同的版本,加上翻译的曲解,对佛法的分歧严重,既不系统,数量也匮乏;另外,佛门教派如雨后春笋般悄然形成,大小乘教派林立,不能保证互通有无,各种矛盾和分歧凸显出来,相互争执不下。诸如此类的问题,使二十六岁的玄奘在进一步研究佛教真义时,几近于缘木求鱼,令原本喜欢探本究源的他郁闷志忑。

国际大都市长安以海纳百川的胸怀,容纳一些来自印度的高僧讲学,使玄奘有了学习梵文的机会。其中一位名叫波罗颇伽罗密多罗的中印度学者,取海道来到中国,住在长安城内的兴善寺。他是印度权威学者那烂陀寺戒贤法师的高足,传闻能记诵大小乘佛典各十万颂,是当世的佛学大师。

玄奘慕名而至,真诚向其请教,溯本求源,并询问当下印度佛界形势。在波罗颇伽罗密多罗的口中,玄奘获悉有一位熟稔《瑜伽师地论》、兼谙诸家的戒贤法师在印度那烂陀寺讲学布道时,决心西行求法,以释众惑,并取得像《瑜伽师地论》那样更多的佛教经典,以释众疑。虽然前去印度求取真经的这条路九死一生,但为了寻求真理,玄奘早已把生死置之度外。

可以说,中印度学者波罗颇伽罗密多罗的出现,像一盏黑夜中的灯塔,照亮了玄奘迷惘的心扉。

去意已决,玄奘遂联合一些志同道合的僧人,打算联名上书朝廷,陈述西行求法的理由。

沙门玄奘言:玄奘闻,义画既陈,肇有书契,籀文斯闻,爰盛典暮。徒以晦义辅德,纪情括性,犹缠埃累之间,未出寰区之表。岂若龙宫密旨,鹫岭微词,导群迷于沙界,庇交丧于尘劫。然则至极无象,演其源者法王。至理无言,诠其道者圣帝。伏惟陛下篡灵出震,抚运登枢;胜茂九瀛,掩胥庭而独步;飞英八极,栏轩昊而高视;分麾紫塞,剪随寇于幽陵;驻跸青丘，荡妖氛于蟠木。武功既戢，归马华山。文德载宣，受图宛岫。于是刊书近阁，创礼容台。凤篆龟文既藏核于东观，银镛玉字亦洗污于南宫。犹故属想真如，缅怀空寂，绍宣妙法，以为大训。由是鹿野之谈，应圣期而重译；鸡林之士，仰神化以来仪。建香城于中洲，引玄津于神县。像教东被，斯为盛矣。玄奘行业无纪，空符曲成；谬齿缁徒，有惭光替。慨然怀愤，誓以弘宣。凭恃国威，远寻灵迹。住在西域，躬习梵言。览毗尼之奥旨，窥多罗之密藏。所获梵本经论总一千颊，六百五十七部，佛像七躯，佛肉舍利一百五十粒，并骨舍利一函。既而治奘金地，旋轫玉门。祗奉论言，载合翻译。爰召开士，同证慧义。研思淹肘，未能总毕。见绝笔者，凡五十八卷，名曰《大菩萨藏经》二十卷，《佛地经》一卷，《六门陀罗尼经》一卷，《显扬圣教论》二十卷，《大乘杂集阿毗达摩论》十六卷，勒成八颊，缮写如制。及前舍利、佛像、梵本经论等，谨诣阙奉进。但圣鉴照明，玄言冲远，玄奘学非沈秘，识谢咏通，何以仰称天规，敬弘至教。亦由荧荧爝火，对修景以葬光；涓涓细流，足巨壑而成大。追惭战悸，若履冰谷。谨言。

贞观廿年七月十三日沙门玄奘上

孰料，玄奘高远的志向尚未来得及铺展，便被残酷的现实撕裂得支离破碎。当时，唐朝天下初定，局势亟待进一步的巩固和稳定，加上游牧民族的突厥人重新崛起，不时滋扰河西走廊一带边境。所以，唐朝初年，以玉门关为界，官府禁止百姓自由进出国境，于是便毫无悬念地驳回玄奘等人西行出国的奏请。

见西行之路在官方受阻，其他意志稍微薄弱的西行求法之人，便心灰绝念。唯有玄奘不改初志，一边学习梵文，一边做着西行的准备。闲暇之余，他偷偷打听从陆路前往印度的路线，静待机缘，再行出国。玄奘凭借惊人的领悟力和记忆力，熟稔和掌握各种语种和方言多达八九十种。

见玄奘矢志西行求法，视朝廷法令而不顾，渐露退却之意的众僧极力劝阻玄奘，玄奘听后，气愤地说："昔法显、智严亦一时之士，皆能求法导利群生，岂能高绩无追，清风绝后，大丈夫自当继之。"

倘若出关，必须持有"过所"（相当于现在的护照）。如果没有"过所"，就是"私自渡关"，也就是偷渡。按照唐朝律令，私自渡关者被判处一年牢狱，偷渡成功者则罪加一等。对朝廷的禁令，玄奘肯定烂熟于心，试想一下，面对内忧外患，朝廷怎能随随便便地松懈对臣民的管束，任其自由出入国境呢？既然如此，玄奘为什么明知山有虎偏向虎山行呢？仔细分析一下，玄奘此举，看似迂腐，实乃睿智之至。倘若不事先向朝廷上书申请出关而擅自行动，那就是目无朝纲王法，一个连朝廷禁令都触犯的人，怎么可能在佛法上修成正果呢？即便西行不利，中途被遣返原籍，如果事先在官府备案，罪行也会从轻发落。

历史本来会按照其既定的速度缓慢向前移动，但突发事件往往会左右历史的进程和方向。玄奘的志向不曾改变，机会终于来了。公元 627 年秋，关东、河南、陇右因遭霜雹之灾，朝廷有赦，开放户籍限制，准许道俗灾民四出"随丰就食"。在巨大的自然灾难面前，刚立国九年的大唐一筹莫展，只有打开城门，放任灾民自流，自谋生路。

于是，二十八岁的玄奘也夹杂在熙熙攘攘的难民中间，离开大唐的都城长安，迈出他数万里孤征的第一步。

刚开始的路程并不孤独，离开长安西行不久，有一位秦州（今甘肃天水市）的僧徒孝达，在长安学习《涅槃经》，刚好功毕还乡，玄奘便与他一路同行。他们过咸阳，沿着陇山古道，翻越陇山，一路辗转到了秦州，在此停宿一宵。

翌日，辞别孝达后，恰遇兰州来的旅客，玄奘遂结伴前往兰州。休息一夜后，正好遇到凉州人送官马归，遂又随之渡过黄河，抵达河西走廊的门户——凉州（今甘肃省武威市）地面。汉武帝时期（公元前121年），曾派骠骑将军霍去病出陇右击匈奴，使整个河西走廊纳入西汉版图。大唐立国之初，凉州处于突厥和吐蕃的夹缝之中，这座关隘直接影响到唐帝国的安危。

时值大唐和突厥摩擦频发，凉州上空阴云密布，战争似乎一触即发。凉州这座西北边防重镇，是西域各国商贾往来的咽喉之地，由都督李大亮派驻重兵严加把守，以防大唐子民肆意西行。

玄奘在此停留一月有余，应僧俗众人的恳请讲法，不便暴露自己不合法身份的玄奘还是答应了他们的请求，开讲《涅槃经》和《般若经》。他清晰雄辩、儒雅倜傥的风度，使之名声大噪，听众一日多似一日。散会之日，西域诸藩和商贾，施奉珍宝无数，玄奘仅须一半做燃灯费，余者尽施诸寺。

诸藩商贾返归后，极力向各自君长盛赞玄奘的美德，以及他西去求法的志向。所以，玄奘未到西域之前，西域各大城市，都已获悉他的美名，信奉佛教的君主，都积极筹备欢迎玄奘的到来。

然而，不幸的是，玄奘在凉州讲经期间，他西去求法的消息不胫而走。有好事者便向驻守凉州的都督李大亮告密，说："有一僧人从大唐长安而来，要到西天去，不知何意？"李大亮听后十分惧怕，忙派遣兵卒把玄奘追上，问他来由，玄奘毫不隐瞒地回答："要去西天求取佛学要义。"见玄奘没有出关"过所"，严格执行朝廷命令的李大亮便要逼他返回长安。

在骑虎难下之际，玄奘幸亏得到凉州慧威法师的帮助才得以继续西行，慧威法师暗中派遣慧琳、道整两位徒弟，护送玄奘。他们昼伏夜出，向着玉门关前行数日，好不容易才抵达安西的瓜州城（今甘肃省安西一带）。

第四章

西出玉门关

瓜州隶属凉州，是古丝绸之路上的商贾重镇，自古以来是东进西出的交通枢纽。另外，瓜州也是大唐和西域的分界线，以西是大唐的边境，边境之外，就是披着神秘面纱的西域。

瓜州在历史上因生产的蜜瓜独具特色，在春秋时期就谓之瓜州。屹立在大漠腹部的瓜州城遗址上，经久不衰的石窟艺术、众多的古城遗址、水天一色的水库塘坝、鬼斧神工的风蚀地貌、脍炙人口的名人逸事，纷纷闪烁着丝路艺术的光芒。

距瓜州不远，就是绵延千古的丝绸之路。当公元前138年张骞"凿空"西域以来，随着向西移走的人口剧增，导致西域沙漠中的绿洲内的水源和绿地严重失衡。古道一侧，戈壁古鄯国的故地静默地暴露在冬日的阳光下；另一侧，大唐的烽火台冷眼对峙。但这一切的一切，最终都会被流沙淹没，不复存焉。

暮秋的河西，天气已渐渐转凉，瑟瑟吹拂的秋风中，身上裹着单薄僧衣的玄奘已抵挡不住飕飕的寒意。一路的风餐露宿及提心吊胆的行程，使玄奘本就赢弱的身体显得更加疲惫不堪。

至此，暂且不必担心被大唐官府重新遣返。他们三人刚到达瓜州，就被笃信佛法的瓜州刺史独孤达设素宴热情款待，并恳请玄奘讲经。据说，现在锁阳城遗址中，还存有当年玄奘讲经说法的寺院。

于是，玄奘在瓜州暂住下来，顺便打听西行路上的情况，当下有人告诉他说："从这里向北五十里，有条瓠芦河（系疏勒河的支流），上宽下窄,水流湍急,深不可测。河的上游设有玉门关,西行必经此关,是大唐西境的咽喉要隘。关外西北还有五座烽火台,均有重兵把守,专防出境之人,各烽之间相距百里,其间绝无水草,五烽之外,便是莫贺延沙碛,伊吾国境。”

玄奘闻言,十分沮丧,加上所乘的坐骑又死于途中,心中默默打算怎样克服即将面对的一切困难,不知如何是好,就这样在瓜州滞留了一月有余。就在将发未发之际,意想不到的事情发生了,凉州缉拿的文书又至此地,说有一个名叫玄奘的和尚,无视朝廷律令,私自出境,命沿途州县,严加缉拿。

这时,一个名叫李昌的州吏,心疑玄奘是案中之人,便到瓜州刺史独孤达处找到玄奘,暗中将牒文呈上,悄声问道:“法师是不是牒文中所说的玄奘和尚?”

见玄奘沉默不语,面露难色,李昌接着劝道:“法师请直言无妨,如果确是此僧,弟子一定为你出谋划策。”

玄奘见李昌语气诚恳,绝无戏言的成分,只好直面现实,把西行求法之志如实告知李昌:“贫僧此次西行是为了求法,绝无弃国求荣之心。”同时,玄奘坚定地表明自己的态度,倘若求取不到真经,宁死也绝不返回长安。

李昌听后,对玄奘非常人所及的举动甚感敬佩,当场将牒文撕毁,连声赞道:“难得难得,法师果真如此,但此处不可久留,恐怕夜长梦多,请法师立即动身,一切后果均由弟子担当。”

人必自助,然后天助之,玄奘又一次化险为夷。李昌是一位虔诚的佛教徒,这个州吏不仅没有逮捕玄奘,反而当场撕毁牒文。玄奘虽然躲过一劫,但越发没有了主意,在附近的寺院里暂住下来,寻找时机尽快出境,以免节外生枝。

从行的两位小和尚道整和慧琳,到瓜州完成护送任务后便被玄奘打发回凉州了。玄奘在瓜州买了一匹马,准备出关西行,但苦于无人牵引，一时陷于进退维谷的境地。

无奈之下，他只好通过礼佛来汲取信心和力量。翌日清晨，他在暂住的塔尔寺中礼佛，祈求万能的佛祖赐予他一个西行的向导。

塔尔寺位于锁阳城遗址一公里处，寺院始建于唐朝开元年间，曾经叫开元寺，也曾经有过阿育王寺的名字，玄奘路经此地时叫塔尔寺，现在这座寺院和锁阳城一样只剩下一片遗址了。

这时转机出现了，一个名叫石磐陀的胡人，恰巧也前来礼佛，通过简单交流，被玄奘渊博的佛论所惊呆，愿意拜玄奘为师，并恳求受戒。玄奘见他言辞诚恳，便为其授具五戒。受戒之后，石磐陀就正式成为一名僧伽，成为玄奘的徒弟。

石磐陀受戒后欢喜辞去，工夫不大，便奉上素斋、果饼等食物前来见玄奘，算是拜师的礼物。玄奘见其刚过而立之年，体魄健壮，秉性开朗，便把西行路上缺乏向导的困惑告知于他。作为收徒回报，石磐陀爽快地答应护送师傅玄奘西过五烽，帮助他偷渡出境。

玄奘闻言大喜，为他置衣买马，相约在瓜州城外会合，择日西行。

次日傍晚时分，玄奘藏匿在草丛中静静等候，石磐陀如约而至，同行的还有一位西域老翁，骑着一匹枣红色的老马。玄奘见此马又老且瘦，猜测西行不远肯定会倒毙在灼热的荒漠之中，心里疑窦滋生，面色略微不悦，心里埋怨石磐陀办事不牢。

见玄奘面露失望之色，石磐陀便解释说："这位老人来往伊吾国（今新疆哈密）三十多次，对西行之路的状况了如指掌，所以约他来商量此事，别无他意。"

老翁甩镫下马，与玄奘相见，接着说："西天环境险恶，沙河阻远，鬼魅热风，遇无一免。成群结队的客商还常常迷失路途，冻死在路上，况且法师形单影只，何必拿着自己的身家性命去冒险呢？我奉劝法师就此打消西行的念头吧！"

让矢志求法的玄奘打消西行之念，是万万不可能的。玄奘听后，发誓说："贫僧为求大法，发誓西天取经，若不至婆罗门国，终不东归。纵死中途，决不后悔。"

老翁见玄奘铁了心要去西行求法，难改初衷，便向其建议道："既然法师决然西行，可换乘我的马。别看它其貌不扬，但已经来往伊吾国十五次，不但脚健识途，还可供代步。"

玄奘闻听，谢过老翁的美意，用自己新买的白马和枣红色老马做了交换，礼敬而别。此后证明，这匹貌不惊人的枣红老马，在玄奘西行旅途中，起到了至关重要的作用。在玄奘连日滴水未进时，竟顺着水汽的方向找到水源，挽救了他的性命。

望着两人渐渐西去的背影，老翁驻足良久，慢慢双手合十，心里默默祈祷玄奘西行求法成功。

玄奘和石磐陀星夜向北出发。三更时分到达瓠芦河边，远远望见玉门关黑黝黝的城楼。当时，玉门关是建筑在瓠芦河上面，只见地势十分险峻，高高的城楼耸立在浩渺的大漠之中，控制着沙漠中弥足珍贵的水源。

玉门关始建于汉武帝开通西域道路、设置河西四郡之时，因西域输入玉石时取道于此而得名。玉门关在汉朝时为通往西域各地的门户，旧址在今甘肃省敦煌西北小方盘城。元鼎或元封中（公元前116年至公元前105年）修筑酒泉至玉门间的长城，玉门关随之设立。这里截山横卧，山势险峻，碧水中流，形成天然隘口。东临绿洲，西接荒漠，俨然铁关雄视。当年的玉门关，戒备森严，插翅难过。

自唐朝玉门关设置以来，这里成为将士出征的誓师之地，亲人送别的离散之所。说起玉门关，马上会想起王之涣的《凉州词》。

> 黄河远上白云间，
> 一片孤城万仞山。
> 羌笛何须怨杨柳，

春风不度玉门关。

　　作为偷渡者，两人肯定不敢从玉门关正面光明正大地渡河。所幸新收的徒弟石磐陀对此处地理环境十分熟稔，便带他绕道至关北十几里的水浅河窄处，旁有胡桐树林，玄奘和石磐陀砍树搭桥，铺草垫沙，驱马而过。

　　见渡河成功，玄奘心情大悦。此时，夜已很深，遂找一个地方解鞍休息，两人相距五十米远，彼此打开铺盖睡下。

　　偷渡的序幕刚刚开启，曾经信誓旦旦地伴随玄奘西天取经的石磐陀就开始动摇了。渡过瓠芦河后，他躺在地上左思右想，很后悔答应做玄奘向导的差事，尤其害怕偷渡失败后被大唐官府处死。为了保全自己，遂滋生了杀死玄奘灭口的歹心。

　　于是，石磐陀手持匕首慢慢向沉睡的玄奘走去，刚走出十多步，徘徊无主，复又折回。玄奘趁着瓠芦河水反射的微光，见石磐陀拔刀而立，明知他已有异心，便警觉地坐起来，默念佛经。这一瞬长如百年。

　　石磐陀见自己图异之举被玄奘识破，遂收敛杀戮之心，悄悄退去躺下。石磐陀最终没有下手，要不然，玄奘西行求法的故事就要提前结束在玉门关附近的荒漠中了。

　　天近拂晓，玄奘唤醒石磐陀打水盥洗，吃过干粮，便要催促登程。石磐陀迟疑道："弟子想来前面路途险恶遥远，又无水草，仅在第五座烽火台下面的几片绿洲有水。你我都没有过所，必须夜间偷水而过；倘若一处被守军发觉，便被乱箭射死。弟子劝师傅一句，不若返回瓜州，免得白白送掉性命。"

　　面对石磐陀诚挚的规劝，玄奘决然不为所动，执意西行。石磐陀无奈，只好跟随玄奘，露刀张弓，勉强前行数里。石磐陀跳下马来，又恳请玄奘道："师傅，弟子实在不能前行，家累太重，加上王法又不可触犯，请师傅谅解，放弟子回去吧。"

玄奘知道石磐陀去意已决，不再挽留，只好放他回去。

但石磐陀还是不肯径直离开，心有不甘地问道："师傅此行不一定能到达，万一被官府捉去，供出弟子的名字，那将怎么办？"

玄奘指天发誓："即使自己不幸被捉，纵使贫僧被切割为千万微埃，也决不会出卖石磐陀。"

石磐陀才拜别而去，临行前，玄奘毕竟菩萨心肠，遂将一路伴随自己的马匹相送与他，以作酬谢。从此，玄奘开始了单身西行求法的艰险历程。

第五章 。—— 大漠孤征

晨曦来临，一轮金色的太阳即将升起，玄奘骑着瘦矮的枣红老马，进入黄沙漫漫的沙漠中。只见黄沙漫卷，迎面落尘，路途险阻，杳无人烟。这位行色匆匆的身影在沙漠中真是渺如蝼蚁。随着太阳向中天缓缓攀升，升腾的热气在远处袅娜游弋，玄奘执拗的身影在白菊般的尘雾中若隐若现，瑟缩而孤单。

放眼望去，天地之间，一片苍茫，遍地的黄沙绵延至远方。这里没有参照物，置身其中的行者毫无方向感可言。冷酷的大漠，不知曾吞噬了多少行者的生命。死者残缺不堪的尸骨随处可见，在阳光的照射下，泛着惨白的色泽。逢阴天或日落时分，不容易分辨方向时，玄奘便把裸露在沙尘中的枯骨或戈壁滩上残留的马粪作为路标，循迹前行。由于黄沙吸附，他的脚步移动缓慢而吃力，低着头，躬着腰，在大自然的淫威之下，只能如此前进。他一边西行，一边考察沿途古城、遗址、寺庙和地理环境，为日后的《大唐西域记》的写作积累素材。

漠风一吹，起伏连绵的沙层就像黄河的浪头，一高一低地迎面扑来，但浪头最高不过三五十尺。而这片沙漠所刮起的沙浪，竟高达两百多尺，神秘古怪，使大漠中的行者无法辨别方向。

幸亏听信西域老翁之言，沙漠孤旅中由这匹识途的枣红色老马引领着西行，不至于迷失方向，否则玄奘早已葬身于茫茫大漠之中了。玄奘抹了把汗水，暗暗感激起胡人老翁来。迅疾的漠风过后，脸颊上的汗水蒸干，留下一道道涩涩的盐分。

几十里路走下来，起初踏入沙漠中的兴奋早已云消雾散，取而代之的是凄凉冷落、心神茫然。望不见山峦，看不见树木，入目除了漫无边际的黄沙还是漫无边际的黄沙，甚至分不清天和地的界限。炙热的太阳像火焰一样倾泻而下，天和地像两块火红的烙铁，把人和马夹在中间炙烤着。在灼热的空气中经过长时间的炙烤，玄奘感觉一阵阵的窒息不断袭来。渐渐的，他精神涣散，视线逐渐模糊起来。随手摸起马背上的皮囊，晃动了几下，发现里面的水所剩不多，于是怏然把皮囊挂在马背上，吞咽了一口唾液，继续前行。

深入大漠腹地，虽然没有大唐官兵的威胁，但来自大自然的危险更让人恐怖。不知不觉间，埋头赶路的玄奘很快陷入一场幻境之中。忽然，他看到一队数百人的军旅，遍布于大沙碛中，忽行忽止，都是身披裘褐、跨坐驼马、手持旌旗矛戈，像是奔赴战场的队伍。这些军士易貌移质，千变万化，远看极清楚，近看则消弭。玄奘深感好奇的同时，恐惧心理渐次袭来，好像他孤身一人陷入重兵包围之中，绝望而无奈。

起初，玄奘以为在沙漠中遇到强盗，又以为妖魔鬼怪作祟，后来渐行渐息，才知道是沙漠远处人物倒映在空中，加上在烈日的炙烤下，气流发生着急剧变化，才幻化出种种瞬息万变的影像不断在眼前晃动。此后，沙漠中独有的海市蜃楼现象，犹如魑魅魍魉，时时纠缠着玄奘不放。而漠风劲吹，头上乱云飞渡，漫天的沙粒拂过后背，冥冥中就好似一只无形的手轻弄着他的背脊。

面对大漠的恶作剧，玄奘用坚强的意志，战胜了恐惧心理，一个声音在他耳畔萦回不已："勿怕，勿怕！"

在大漠中苦苦跋涉了八十余里后，前面带路的枣红老马立刻警觉起来，不时尥起蹶子，昂首嘶鸣了几声。这声嘶鸣把玄奘从浑浑噩噩的状态中拉回现实，他下意识地拽住缰绳，让老马赶紧停下，抬眼望去，似乎感觉一座庞然大物横亘在自己面前不远处，原来第一座烽火台到了。干渴已久的玄奘，似乎嗅到空气中夹杂着凉丝丝的水汽，萎靡不振的精神为之焕发。

五座烽火台是唐朝置于西北边疆的最后堡垒，不但控制着水源，为往来于瓜州和伊吾的使者和商贾提供食宿，还担当着瞭望和警戒的重任。第一关号称白虎关，这座遗留在今天的烽火台遗址叫白墩子。从战略的角度看，其地势十分重要。

站在烽火台上环顾，入目的四野尽是黄沙漫漫的戈壁滩，台下有一个小小的湖泊微波荡漾，湖边滋生的芦苇随风摇曳。湖岸边滋生着一丛丛的红柳、沙打旺和骆驼刺等植物，尽管这些沙漠植物不像内地的植物那样青翠碧绿，但那深褐灰绿中，依然洋溢着蓬勃旺盛的生命力。

为避免驻守在烽火台上的将士察觉到，玄奘不敢白天明目张胆地去湖边取水，而是借助一条浅浅沙沟的掩护，从烽火台的东面迂回到西面，像潜伏在暗处的猛兽接近猎物般悄悄接近那座看起来倍感亲切的湖泊。

漫长的白天过去，黑夜降临了，车轮般的太阳终于滑落在遥远的地平线上了，天色暗下来，四野一片沉寂，只有漠风吹拂芦苇时，传来唰唰的响声。

在夜色的掩护下，玄奘猫着腰心情激动地接近水源，先痛饮一番，之后洗罢手脸，待取出皮囊准备盛水时，忽然嗖的一声，一支冷箭呼啸而至，擦着膝盖，准确地钉在前方。不等玄奘回过神来，第二支冷箭接踵而至，差一点射中他的脚踝。在箭矢的威胁下，玄奘初见湖水的亲切感已荡然无存了。

夜间冒险取水的玄奘被两支连珠箭吓坏了，身体像被定身法定在那里，不敢再贸然移动半步，他知道，射箭之人并不是箭法不熟稔，而是故意射偏一些，没有射杀他的念头，意在警告自己不得擅自靠近水源。徒弟石磐陀的预言终于应验了，玄奘暗自叹气。看来命运总在关键时刻喜欢给他出难题，使他一筹莫展。

玄奘发现自己行踪暴露，再躲藏也于事无补，索性对着烽火台上守兵高声叫喊："我是从长安而来的出家人，请手下留情，切莫再射。"

烽火台上的兵卒见台下偷水之人主动搭话，台上亮出一盏灯笼，往下晃了晃，以便能看清玄奘的容貌装扮。见玄奘果真是一副僧人装束，便说："把马拴在桩上，请上来吧。"

为了保全性命，玄奘只好遵照烽火台上兵卒的命令，一手牵马，一手持着空空的皮囊，向烽火台走去。刚拴好马匹，继而烽火台下城门小心翼翼地打开一条缝隙，为防万一，仅能容一人侧身而入。透过逼仄的缝隙，玄奘看清三个守城的兵卒，一人提着灯笼，另外两人拿着兵戈，横向指着来人，以防不测。

手提灯笼的兵卒，借着恍惚的灯光又重新把玄奘细细打量了一番，见果真是名手无寸铁的僧人，才放松了警惕，朝左右摆了摆手，示意另外两名兵卒收起兵戈，把玄奘放进烽火台来。

于是，玄奘被一个手提灯笼的兵卒带到烽火台的守官王祥面前。借着火光，王祥绕着玄奘走了两圈，发现此人沉稳端方，仪表堂堂，知道不是西域僧伽，像是从京师长安而来。王祥便问明来意。

玄奘不答，反问道："校尉，今日可曾听说，有一位名叫玄奘的僧人欲西去天竺求法吗？"

王祥闻言顿时一愣，盯着玄奘，试探道："听说那位玄奘法师已返回东土，怎么会到五烽来？"

玄奘不再隐瞒，正色道："贫僧就是西行求法的玄奘！"

"你真是玄奘法师？"一个佛教信徒能在如此偏远蛮荒之地，邂逅佛界高僧玄奘大师，肃然起敬的态度可想而知。

为了向王祥证实自己的身份，玄奘马上从经箧里取出官府颁发的文书度牒，递给王祥，以上面的名字为证，众将士方才确信。

王祥看后，又若无其事地把文书度牒还给玄奘，劝道："天竺路途遥远，法师倘若成行，并非易事。"

一路西行，好言劝阻玄奘返回大唐的人不在少数，然而，玄奘早已坚定西行之心，对王祥的建议也不为所动。

王祥转念一想，接着劝说："现在也不为难法师，弟子是敦煌人，打算送法师到敦煌去，那里有张皎法师，德学兼备，他对贤能有德的法师一向极为尊敬，您到那里后一定很受欢迎，法师不如听从弟子的建议，前往敦煌如何？"

王祥的善意，玄奘并不领情，决然而冷静执着地答道："校尉的心意，贫僧心领了。贫僧自幼在洛阳出家，而后游学天下，遍访名师。玄奘之名，蜀中江南，无人不晓。若贫僧要修名立业，只要在长安、洛阳足矣，何必多此一举，前往敦煌？"

王祥侧耳倾听，玄奘所言极是，也不易回答。

稍微停顿了一下，玄奘继续说道："然生平所恨，自佛灭度后，经论有所不周，胜义有所残阙，所以不顾一己之命，无视前途艰险，誓往西天，遵求遗法。施主不加勉励，反来劝阻，恐非助人为善之道？倘若必欲拘留，甘受刑罚，但决不东移一步，以负初心！"

王祥闻言，感动之情溢于言表，忙叹道："罢了，弟子既遇师傅，算是有缘，岂敢横加阻拦，以泯法师西行求法之志？"

玄奘见王祥被自己的矢志西行之心所打动，毅然的脸色舒展开来，长舒一口气，平静地望着王祥。

王祥思忖片刻，启口道："法师风尘仆仆，想必远道而来，现在天色已晚，法师吃点东西先休息一夜。待天明，我亲自送法师一程，指点迷津，确保顺利走出五烽。"

由于白虎关的守官王祥非但没有治罪，反而开关放行，并留宿一晚。是夜，玄奘睡得十分香甜，西行途中累日的奔波劳顿已抛向九霄云外。

次晨，玄奘洗漱完毕，吃过斋饭，王祥派兵卒备足干粮和饮水，亲自护送玄奘西行。一直送出去十余里开外，才勒住缰绳，给玄奘指点道："法师绕开第二烽、第三烽和第五烽，三座烽火台的守官皆非信佛之人，倘若被捉，必定凶多吉少。法师直达第四烽，该烽守将名叫王伯陇，与弟子是本家，到了那里，可说是弟子请法师前来的，他必然优待。"

说罢，王祥与玄奘挥泪而别。

离开白虎关，玄奘按照王祥指点的方向，继续西行，数日后的夜晚，终于抵达第四座烽火台（今甘肃省瓜州大泉）。尽管临行前，第一烽的守官王祥让他直接找第四烽的守将王伯陇，但玄奘怕横生枝节，没敢贸然行动。还是沿袭老办法先行夜间取水，待取完水后悄然离去，尽量不惊扰烽火台上的守军。

谁知刚走到泉边，冷箭再次破空而至，擦过头顶，钉在玄奘的身前。

见行踪又被第四烽兵卒发现，玄奘不敢轻举妄动，因有在第一烽遭遇守兵的经历，玄奘不再害怕，便站直身体挥手搭话。守关的兵卒打开城门，把玄奘迎进烽火台。守烽兵卒相问，玄奘照王祥的嘱咐答道："前往天竺求法，路经此地。第一烽校尉王祥特遣前来。"

烽官王伯陇听玄奘说是本家王祥"特遣"而来，大为欢喜，留宿一晚。翌日一早临行前，王伯陇已为玄奘准备好了充足的马麦和盛水的大皮囊相送，并好意指点："法师西行，要切记绕开第五烽（今新疆维吾尔自治区星星峡与甘肃省瓜州交界处）迁行，该烽守烽校尉性情粗野，恐生异图。此去百里外到野马泉取水，取水后西行，可越出唐界，入莫贺延碛境内。"

怀着感激之情，玄奘作别王伯陇，折向西北，向莫贺延碛（今哈密与安西之间著名的噶顺戈壁）进发。此地古名沙河，横亘在瓜州和伊吾之间，长八百里，上无飞鸟，下无走兽，复无水草。是新疆东部和河西走廊西端连接带上戈壁分布最集中、地形最复杂的地带，缺乏维持生命必不可少的水源和植物。在这里，玄奘遭遇了西行途中最为险峻的生死考验，生命差一点毁于一旦。

等九死一生度过这条艰险的流沙河后，玄奘回味在莫贺延碛跋涉时还心有余悸："莫贺延碛长八百里，古曰沙河。上无飞鸟下无走兽，伏无水草顾影唯一。四天五夜无一滴沾喉，口腹干焦，几将殒绝。四顾茫然，夜则妖魅举火，灿若繁星，昼则惊风拥沙，散若时雨。"

此时，只有枣红老马和玄奘形影相吊，别无他念，一心前行，不觉西趋百余里。一路上平沙浩浩，烈日炎炎，有时刮起漠风，强硬的流沙打得人马晕头转向；有时风停沙住，环顾四野，荒无人烟，凄凉一片。

为了保存体力，玄奘昼行夜宿，日日夜夜周而复始在大漠中孤行，旅途索然无味。他就像做了一个噩梦，并不能说醒就醒。只要步履不停，就总会在那个噩梦中打转转，险些让人发疯。

尤为不幸的是，在浩渺如海的荒漠上，玄奘最终不可避免地迷失了方向，竟没有找到王伯陇所指的野马泉。玄奘走得浑身乏力，唇焦口燥，当要下马解开皮囊喝水时，孰料，累得四肢麻木，竟失手将皮囊打翻在地，囊中之水全泼在黄沙中，一滴不剩。

千里之资，一朝告罄，玄奘望着沙土中渗水的痕迹，懊悔不已。东返的路盘回曲折，远近百余里内，没有行人可确定方位。日影西斜，干燥的晚风刮过，仍然感觉不到一丝凉意，玄奘感觉到身上每一个毛孔都干燥得好像要爆炸，喉干舌苦，嘴唇绽开。连耐力持久的枣红老马也显得躁动不安，饥渴难耐。能否安然度过莫贺延碛沙漠，成败在此一举。

心急如焚，玄奘掉转马头，打算重新回到第四烽王伯陇处再补充给养，这也许是最明智、最合理的办法。东行十余里，忽又想起离开长安时自己曾发的誓言："若不至天竺国，决不东归一步；宁可就西而死，哪可东归而生？"

于是，玄奘毅然勒转马头，继续向西北挺进。

玄奘数日滴水未进，渴得险些要瘫软在马背上，任由马儿信步前行。此时，天色暗了下来，连西天的最后一抹光亮，也在昏沉的暮色中收敛。玄奘茫然四顾，苍穹覆盖在遥远的大漠尽头，只有星罗棋布的青磷鬼火点缀在暮色笼罩下的荒沙之间，让人不寒而栗。

时间在一点点地消失，玄奘已经连续四天五夜滴水未进了，只觉得头晕目眩，焦渴困顿，几乎昏厥不省，几近命绝于此。他麻木不堪的身体从马背上滑下来，倒卧在沙漠中，嘴唇翕动，默念着《般若波罗蜜多心经》。

观自在菩萨，行深般若波罗蜜多时，照见五蕴皆空，度一切苦厄。

舍利子，色不异空，空不异色，色即是空，空即是色，受想行识，亦复如是。

舍利子，是诸法空相，不生不灭，不垢不净，不增不减。

是故空中无色，无受想行识，无眼耳鼻舌身意，无色声香味触法，无眼界，乃至无意识界。

无无明，亦无无明尽，乃至无老死，亦无老死尽。

无苦集灭道，无智亦无得。

以无所得故，菩提萨埵，依般若波罗蜜多故，心无挂碍，无挂碍故，无有恐怖，远离颠倒梦想，究竟涅槃。

三世诸佛，依般若波罗蜜多故，得阿耨多罗三藐三菩提。

故知般若波罗蜜多，是大神咒，是大明咒，是无上咒，是无等等咒，能除一切苦，真实不虚。

故说般若波罗蜜多咒，即说咒曰：揭谛揭谛，波罗揭谛，波罗僧揭谛，菩提萨婆诃。

直至第五夜半，玄奘体力耗尽后，终于支撑不住昏迷在沙漠中，命悬一线，他似乎感到生命随时可能终结。忽然蓦地刮起一阵凉风，风中夹杂着阵阵水汽，触身如沐清泉。舒爽的漠风唤醒了昏迷中的玄奘，枣红老马霍然站起，朝凉风中嗅了嗅，夸张地打着响鼻，一改连日萎靡的神态，精神顿时抖擞起来。

经过长时间旅途劳顿和严重脱水的玄奘，等体力慢慢恢复，挣扎着爬上马背，马儿迈步向前，大概行走了十余里。老马好像冥冥中有某种预感，一时精神大振，偏离了西北方向，碎步跑了起来，趴伏在马背上的玄奘甚感蹊跷，但束手无策，信马由缰，任其自由前行。径行数里，眼前呈现出一片绿草和一池清水来。池水澄澈如镜，碧波荡漾，像镶嵌在沙漠中的一面蓝色的宝镜。原来这就是王伯陇指点玄奘取水的野马泉，号称漠中明珠。

野马泉位于今天的哈密莫贺延碛的沙山地带，因泉水丰盛并能得到少量雨雪的滋润，起伏的沙山间生长着茂密的红柳、梭梭、胡杨、地柏和芦苇、芨芨草等漠中植物，因此沙山比较高大固定，这里的春夏之交，到处是满眼绿色，再加上盛开的红柳花和其他一些不知名的野花。正是由于这种特殊的自然环境，据说曾是众多的野马栖息之地，野马泉之名来源于此。现在野马已经绝迹，但泉边仍栖息着成群结队的黄羊、野兔等少量的漠中动物，被猎人们称为最好的猎场。

看到一池碧水，玄奘兴奋极了，夸奖般地拍着老马的脖子，连声赞道："老马果然识途，好马，好马啊！真是天无绝人之路！"

草肥水美，使玄奘和老马绝处逢生。玄奘和老马在池边的草地上美美地休息了一天。

次日，玄奘备足饮水和草料，继续西行。离开野马泉后，经过两日的行程，才走出莫贺延碛大沙漠，抵达伊吾（今新疆维吾尔自治区哈密一带）境内。

玄奘西行，一路上历尽千辛万苦，冒着生命危险，被寥寥数语搪塞过去了。其间，千里跋涉，遭遇到的艰难险阻，不要说古人，就是今人依仗发达便捷的交通工具，也是险阻重重，其西行求法精神实在让人敬佩。

伊吾是玄奘西行途中抵达的第一个国家，因国力所限，没有在边境设立关卡，玄奘轻而易举地到达伊吾城外，打算觅一座古寺借宿一晚，再动身西行。古寺里有一汉族老僧，听说玄奘从东土大唐而来，激动得披着衣服，赤着脚慌忙出来相迎，抱着玄奘失声痛哭，说道："想不到今天，还能在这里遇到乡亲！"

玄奘默默地注视着老僧，百感交集，饱受孤独之感和同胞之情一起袭来，布满燎泡的嘴唇翕动着，激动得热泪盈眶，两人都动情地哭了起来。

第六章 ·———— 高昌结契

大唐高僧前来伊吾的消息，像风一样迅速传遍全城，没想到竟然惊动了官府。当地僧伽对玄奘热情款待，伊吾国王甚至把他请入宫中供养。一连几天的休整，玄奘又着手西行的准备。刚刚从几百里流沙河中逃生出来的玄奘，打算从伊吾出发，经过可汗浮图（今新疆维吾尔自治区吉木萨尔北）前往印度。

　　然而在临近西行之际，高昌国的一封国书打乱了玄奘的西行安排。

　　高昌国（今新疆维吾尔自治区吐鲁番市）是一个崇尚佛法的国家，上至国王下到百姓都笃信佛法，曾有"全城人口三万，僧侣三千"的记载，可见高昌国的佛教香火之盛。毫不夸张地说，世界各地的宗教先后经由高昌传入内地，它是古代宗教最活跃最发达的国家，也是世界宗教文化荟萃的宝地之一。公元 400 年，东晋高僧法显西行求法途经高昌时，也得到供给行资，才顺利地直进西南。

　　国王麴文泰闻听凉州商人传闻，西行天竺的玄奘法师要路过伊吾，便提前几次派人沿途探访，生怕与玄奘失之交臂。当高昌国使者获悉这个来自东土大唐的法师穿越大漠，已至伊吾城的消息后，马上飞报国王麴文泰。麴文泰闻讯颇为振奋，如获至宝，即日派遣使者给伊吾王下达一封国书，要伊吾王务必派人将大唐玄奘送达高昌，否则兵戎相见。

　　十多年前麴文泰去长安朝贡时曾目睹过隋朝境内的宏伟寺院和

博学的高僧，礼仪之邦的风土人情让他钦佩不已，回国后他下令臣民都梳唐人发式。现在听说来了一位大唐高僧，可以请他向国人弘佛讲法，这绝对是一次千载难逢的机会！

玄奘欲取道可汗浮图，前往印度的西行计划被打乱。高昌王威震西域，伊吾人不敢拂逆，加上使者再三陈述高昌王要面见玄奘的迫切心情，玄奘感到盛情难却，只好改道南行，向高昌挺进。

高昌故城遗址位于今新疆维吾尔自治区吐鲁番东南之哈拉和卓地区，是汉族在西域建立的佛教国家，一边是白雪皑皑的天山，一边是温暖如春的吐鲁番。高昌城为西汉大将李广利所建，北凉余部灭车师前国，始建高昌国都城。

六日后，方抵达高昌界的白力城（今新疆维吾尔自治区广安一带）时，日薄西山，接连几日的舟车劳顿，玄奘有些体力不支，欲勒马暂停稍息片刻。但前来护驾的官吏和城中营官都说："恐怕不妥，王城离此不远，国王专程等待，请玄奘法师换乘快马，兼程前进。"

此刻，玄奘理解高昌王急于召见自己的迫切心情，便不再坚持暂停。换了一匹快马，继续前行。玄奘原来的坐骑，交由专人随后送去。

马不停蹄，当日夜半时分，玄奘一行沿着火焰山的红土高坡终于抵达高昌国都城亦都护城（今新疆维吾尔自治区吐鲁番市东胜金口南二堡和三堡之间）。在夜幕的掩映下，远处的火焰山像一头巨兽，静静地呵护着这座古城。玄奘和护送官吏到达城下时，大铁门早已关闭，夜间值班的守门官奏报国王，破例打开城门，恭请玄奘入城。

高昌王麴文泰率全城群臣百姓，亲自出宫恭迎。玄奘举目望时，但见全城火树银花，目及之处灯烛辉煌，高昌国的文武大臣排成两列。如此隆重的欢迎仪式和宏大的场面，让玄奘惊叹不已，连忙翻身下马，款步迎上前去。

寒暄完毕，国王麴文泰又亲自和宫女们擎着蜡烛，把玄奘迎入皇宫后院的一座重阁宝帐之中，拜问殷勤。等玄奘入座后，才恭敬地说："弟子自从听说法师来到西域的消息后，高兴的废寝忘食。白天计算着行程，预料今晚必到，所以和妃子儿女也都陪着，诵经念佛，专诚恭候法师，现在，终于把法师等来了。法师一路辛苦了。"

说罢，麴文泰命王妃和几个儿女，前来向玄奘行弟子之礼。心情欢畅，促膝交谈到拂晓时分，见玄奘困意袭来，才告辞回宫，并留几名宦官服侍起居。

第二天清晨，玄奘尚在梦中，国王麴文泰已率领王妃在重阁宝帐外等候，前来请安。玄奘忙穿衣起身相见，麴文泰说："弟子从往来于此的商人口中得知，莫贺延碛险阻甚多，沙路难行。法师能只身一人西行到此，简直是奇迹啊！"

麴文泰感动得声泪俱下，并设下丰盛的素筵，款待玄奘。

用罢斋饭，麴文泰亲自起身带路，把玄奘引入王宫一侧的一个道场，在那里起居，并派专人侍卫。那里有一位象法师，曾在长安留学二十年，善法相，麴文泰视之为国宝，请他前来和玄奘相见。与此同时，还有一位八十岁高龄的国统王法师，也请来和玄奘同处，并代他劝阻玄奘打消西行求法的念头，他希望这位博学的法师能长久滞留在高昌国，普渡众生。

玄奘定然不从，十余天后，玄奘开始向高昌王辞行。高昌王说："已让国统王法师代为恳留法师，不知意下如何？"

玄奘答道："挽留贫僧长住于此，这是君王的恩典，但自问西来的心愿，确实于佛法所不容。"

麴文泰说："朕曾随先王东访唐土，随从隋帝遍游长安、洛阳两都及燕代汾晋之间，见过不少名僧，无所仰慕。今得以见法师尊容，不觉身心欢喜，手舞足蹈，预备法师到此留居，受弟子供养终生，并让举国之人都从法师讲授。这里僧徒虽少，也有数千之多，都可以让他们手持经卷，充当法师的听众。我请求法师接受弟子的一片赤诚之意，勿以西行为念了吧！"

麹文泰提出优厚的条件，居然让"举国之人"做玄奘的弟子，供奉终生。对一个僧伽而言，这种至高无上的待遇，几乎没有拒绝的理由。

　　但一向志向远大的玄奘并不打算在高昌国长期逗留，他对高昌王的盛情深表感谢，婉拒道："国王的一番美意，岂是我贫僧寡德所敢承当。只是我此行于此，绝不是为受供养而来。只因本国佛经尚欠周全，心有疑难无从辩释，所以矢志西行前往天竺，求得大乘甘露，遍洒于东土，这种求法之心，只能日益坚定，哪能中途而止？愿国王收回此意，不要以供养为念。"

　　见玄奘执意西行，对自己的苦苦挽留置若罔闻，高昌王觉得脸面挂不住，便大声说道："朕敬仰爱慕法师，定要留而供养。葱岭可以移动，弟子的心意绝不会改变。务必请法师鉴察我的诚意，不要有什么怀疑。"

　　玄奘回答说："国王的一番深情厚谊，岂容多言？我西行只为求法，如今经法未得，不可半途而废，请国王谅解。况且国王过去广修福业，得以位至人君，不但苍生所仰赖，也是佛门的依靠，理应多扬善举，岂可从中加以阻拦？"

　　麹文泰听到这里，急忙辩解说："弟子何以敢阻拦，只因敝国无导师，所以只有委屈法师留下，以引导众人迷愚啊！"

　　麹文泰执意挽留玄奘，另有所图。高昌国虽置身于西域大漠之间，但对汉文化推崇备至。麹文泰即位之后，便在高昌境内大力推行汉化改革，从服饰到政治制度，均纳入改革之列，尤其是都城的营建，处处模仿长安。在城内修建了大小两座佛塔，宛如西安的大、小雁塔，把唐时的高昌城建设成了一个西域小长安。

　　公元 627 年冬，政权极不稳定的高昌国，迫切需要一个高瞻远瞩的智者来指点迷津，帮助在崛起的大唐和彪悍的突厥的夹缝中艰难生存的高昌国渡过难关。玄奘渊博的学识和无与伦比的汉文化深深震撼着麴文泰的心，他希望玄奘能长期留在高昌国，通过弘扬佛法来祈福护国，但这仅仅是他的一厢情愿罢了。

有意思的是，与麴文泰苦留玄奘，以"举国之人"做玄奘的弟子为筹码相较，后来唐太宗李世民竟也几次劝说取经返回的玄奘还俗，竟以宰相位相许，玄奘均一再谢绝。

麴文泰再三恳求，玄奘都婉拒不从。麴文泰勃然大怒，给玄奘下了最后通牒："倘若法师坚决不肯长留高昌的话，弟子自有别的办法，没有弟子允许的话，法师怎能前去。摆在法师面前有两条路，或者留下，或者回国，请法师三思，还是相顺为妙。"

玄奘重任在肩，打定主意，很不客气地回敬道："贫僧西行求法之心，任谁也撼动不了的。如果一定要留下，国王留下的只能是贫僧的尸骨，绝对留不住贫僧的心！"说完之后，泣不成声。

麴文泰对玄奘的誓言无动于衷，只是每日增加丰盛的素筵，并亲自献上杯盘，企图以盛情款待和恭敬态度来感化玄奘，使其收回西行之心。但收效甚微，对于高昌王的软硬兼施，玄奘执意不允，并不惜以绝食明志。

玄奘遂日夜合掌端坐法床，不食素斋、不进滴水，一连绝食了三天。这下可急坏了麴文泰，他请王妃和大臣前来，纷纷轮流好言相劝玄奘，但玄奘一直闭目不语。高昌城的夜晚，寒风呼啸，已经绝食四天的玄奘气息渐微，渐呈险象，麴文泰终于被玄奘坚定的信念所打动，为自己的私心备感惭愧和内疚，赶紧叩头谢罪说："务请进食，弟子任法师西行。"

经过四天的拉锯战，两个人的战争终于结束了，最终玄奘取胜。这是玄奘前往西域取经途中，最富于传奇色彩的一件事，然而在泱泱十余万言的《大唐西域记》中却无从记载，想来实为一件憾事。

玄奘恐怕麴文泰再对自己施展欲擒故纵之计，要求其指天誓日。麴文泰便偕同玄奘共入道场礼佛，当着其母张太妃的面与玄奘义结金兰，麴文泰年长为兄，玄奘为弟。

然后，麴文泰请玄奘在高昌国开讲一个月的《仁王般若经》，据说凡听经者七难不起，灾害不生，万民丰乐，是佛教护国的三部经典之一。为高昌人讲经说法，以便为玄奘继续西行准备行装。去往天竺的路途漫长而险阻，准备工作细致烦琐，绝非一日之功。被麴文泰的诚挚之心所打动，玄奘答应，日后求法归来，一定驻留高昌国三年，受其供养。

麴文泰便在王宫一侧的大帐中，为玄奘设一法堂，其母张太妃、王妃以及高昌国的将相大臣三百余人每天都按时来此听讲。每逢开讲之前，麴文泰都亲自执香炉迎引玄奘法师，将升法座时，他又俯身低跪当作台阶，让玄奘踩上去登上法座，天天如此，毫无怠慢，足见他对玄奘的恭敬之举。

一个月后，玄奘讲经完毕，准备启程西行了。麴文泰恋恋不舍，又剃度四名沙弥，让他们随玄奘西行，以充侍者。另外为玄奘准备了足够往返二十年所用的丰厚行装，包括法服三十套，黄金百两，银钱三万，绢五百匹。除此之外，还调拨三十匹马、二十五个随从，以及一位名叫欢信的高昌官吏。不仅如此，他又修书二十四封，并附送厚礼至沿途高昌以西龟兹等二十四个西域小国及西突厥统叶护可汗，并致书道："玄奘是臣之弟，今欲往婆罗门国（今印度）求法，途经西域诸国，愿可汗怜师如怜臣，仍请敕西域诸国，给邬落马递送出境。"

从此可以看出，高昌国崇信佛法真可谓不遗余力。

玄奘对高昌王的如此殷切，甚为感动，挥笔写就《启谢高昌王表》。

奘闻江海遐深，济之者必凭舟楫。群生滞惑，导之者实假圣言。是以如来运一子之大悲，生兹秽土；镜三明之慧日，朗此幽昏。慈云荫有顶之天，法雨润三千之界。利安已讫，莅应归真。遗教东流六百余祀，腾、会振辉于吴、洛，谶、什钟美于秦、凉，不坠玄风，咸匡胜业。但远人来译，音训不同；去圣时遥，义类差舛。遂使双林一味之旨，分成当、现二常。大乘不二之宗，析为南、北两道，纷纭争论，凡数百年，率土怀疑，莫有匠决。玄奘宿因有庆，早预缁门，负笈从师，年将两纪。名贤胜友备悉咨询，大小乘宗略得披览，未尝不执卷踌躇，捧经珐傼，望给园而翘足，想鹫岭而感怀，愿一拜临，启申宿惑。然知寸管不可窥天，小蠡难为酌海，但不能弃此微诚。是以束装取路，经途荏苒，遂到伊吾。伏惟天王禀天地之淳和，资二仪之淑气，垂衣作主，子育苍生，东抵大国之风，西抚百戎之俗。楼兰、月氏之地，车师、狼望之乡，并被深仁，俱沾厚德。加以钦贤爱士，好善流慈，忧矜远来，曲令接引。既而至止，渥惠逾深，赐革蔑以话言，阐扬法义。又蒙降给弟季之缘，敦奖友于之念，并遣书西域二十余蕃，煦伺殷勤，令递饯送。又愍西游茕独，雪路凄寒，爰下明敕，度沙弥四人以为侍伴，法服绵帽、裘毯靴革蔑五十余事，及绫绢金银钱等，令充二十年往还之资，伏对惊渐，不知启处。决交河之水，比泽非多；举葱岭之山，方恩岂重！悬渡陵溪之险，不复为忧；天梯道树之乡，瞻礼非晚。尝蒙允遂，则谁之力焉？王之恩也。然后展谒众师，禀承正法，归还翻译，广布未闻，剪诸见之稠林，绝异端之穿凿，补象化之遗缺，定玄门之指南。庶此微功，用答殊泽。又前途既远，不获久停，明日辞违，预增凄断，不任铭荷，谨启谢闻。

玄奘此文，一方面表白自己矢志西行求法的决心和信念，另一方面对麴文泰礼贤下士的善举深表赞誉。麴文泰读罢，十分感动，遂说："法师既然和弟子结为兄弟，则国家之所有，既与法师共之，何必道谢！"

公元 627 年，尽管麴文泰对玄奘怀有万般的不舍，但临行的时间还是姗姗来临。他携王妃、将相大臣、高昌佛寺的法师等僧伽，以及城中百姓，对玄奘夹道相送。他们此日一别，不知何日再相见。麴文泰抱着玄奘放声恸哭，前来送行的臣民都感动得热泪盈眶。最后吩咐王妃及百姓先回，麴文泰高昌王和众大德送了一程又一程，一直送至数十里外的交河城，方才含泪拜辞而归。

倘若没有麴文泰倾举国之力帮助，玄奘西行求法的结局甚至会改写。

令人扼腕叹息的是，这个乐善好施的国王麴文泰却不得善终。公元 640 年，唐太宗李世民挥师高昌，麴文泰惊厥而亡。大唐于此设西州，又置著名的安西都护府，屯重兵驻守。多年后，当玄奘求取佛法东归时，原本想践行自己诺言重回高昌谢恩时，在和田闻听如此噩耗，只好黯然走开。

第七章。——

逗留龟兹

贞观二年（公元628年）二三月，辞别高昌王麴文泰之后，玄奘带着由三十人组成的取经团队向西进发，把太阳映红的火焰山远远地抛在身后。

火焰山又称赤石山，位于今新疆维吾尔自治区吐鲁番盆地的北缘，呈东西走向。"火焰山童山秃岭，寸草不生，飞鸟匿踪。"每当盛夏时节，红日当空，赤褐色的山体在烈日暴晒下，砂岩灼灼闪光，炽热的气流翻滚上升，就像烈焰熊熊，火舌撩天，故又名火焰山。火焰山是中国最热的地方，夏季最高温度高达47.8摄氏度，地表最高温度高达70摄氏度以上，沙窝里甚至能烤熟鸡蛋。其实，火焰山并没有火焰喷发出来，并且在其山谷中也是绿荫蔽日，风景秀丽，流水潺潺，瓜果飘香。

由于麴文泰的护佑，玄奘一行很快走出了高昌国境，进入焉耆国境地（今新疆维吾尔自治区喀喇沙尔城）的一处陡峭的山崖下。一股清澈的泉水潺潺流下，汇聚成一个池塘，这就是阿父师泉（今新疆维吾尔自治区托克逊县境内的阿格尔布拉克），一行人夜宿于泉侧。

次早离开阿父师泉后，又翻越银山（今库木什山，为南疆、北疆的分界线）。山中多为银矿，据说当时西域国家的银钱多采于此。但即便守着这座银山，也填不满人心的欲壑。玄奘和高昌官吏经过银山时，在银山的西侧遭遇到了群贼。

玄奘悲哀地望着这帮手持刀枪棍棒的强盗，吩咐将高昌王麴文泰赠送的川资遣散出去一部分，群贼才主动撤退，此乃虚惊一场。通往天竺的西域之路，地广人稀，是滋生盗贼、繁衍劫匪的乐园。加上诸国军力有限，没有一支强大的军事力量来保卫往来于丝绸之路上商旅的人身安全。东来西往的商队和行者，除了默默祈祷外，只有拿自家性命做赌注。

把强盗带来的恐惧远远地抛在后面时，日影西斜，天色已晚，料峭的晚风吹拂起逐浪般的黄沙，前去焉耆的路途似乎依然遥远无期。躲过此劫后，玄奘生怕前方路上再生异变，遂在银山脚下露宿。而同行的有胡商数十人，抢先要去王城焉耆做生意，几十人踏着月色结伴前行，走出去十余里，便遭遇强盗，不仅财物被劫，几十人悉数被杀，无一幸免。人为财死，鸟为食亡。为了追逐财富，他们把身家性命都搭进去了。

第二天一早，玄奘一行继续开拔，在距离焉耆城很近的一个河谷里，发现他们纵横交错的遗骸，财物荡然，大家悲叹不已。多半个时辰后，玄奘一行渐渐望见王都。到达后，一开始受到焉耆国王和群臣的热烈欢迎，随后被安排到城中最豪华的驿馆休息。焉耆在今新疆维吾尔自治区焉耆回族自治县附近，是西域一个举足轻重的国家。

焉耆和高昌比邻，两国摩擦不断，常常为争夺对过往商贾行者的收税权而兵火不熄。该国因记恨被高昌侵扰之事，不但拒绝为玄奘一行更换马匹，反而撤销了所有的食宿招待，并且下了逐客令。在焉耆只勉强停留了一个晚上，西行队伍便日夜兼程，在东面的鱼海补充足水源后，沿着孔雀河（西汉班超也曾饮马于孔雀河，故而人们又称孔雀河为饮马河）一路南下，穿过险要的铁门关，进入天山以南地带。

铁门关所处的峡谷曲折幽深，岸壁如刀劈斧凿，山体陡峭险峻。峡谷口设有一扇门，其门为铁铜加固，铁门上悬挂着许多铁铃，当门闭合时，铁铃叮当作响，以起到引起驻守兵卒的警戒作用。据考证，从晋代起，就在这里的险要处设立了关口，因其铁门把守，故取名铁门关。它是焉耆盆地进入塔里木盆地的一道天险，自古为兵家用武之地。山海关为"天下第一关"，而铁门关列为古代二十六名关之末，称为"天下最后一关"。

翻越一座小山（库鲁克山），涉过两条大河（开都河和孔雀河），一路上都是广阔的平原。这里的地貌在玄奘眼里备感亲切，恍惚间，好像徜徉在家乡偃师的土地上。西行大概七百余里，抵达地图上注明的龟兹国。此国以库车绿洲为中心，最盛时北枕天山，南临大漠，西接疏勒，东邻焉耆，相当于今天的新疆维吾尔自治区阿克苏地区和巴音郭楞蒙古自治州部分地区。丝绸之路在西域境内分为三条，龟兹正好位于中路的中段，地理位置十分重要。印度和欧洲的文化沿着丝绸之路越过昆仑山脉和帕米尔高原后，就在龟兹绿洲上四处传播，与当地的各种文化交汇融合，而汉文化也在龟兹被吸收、发扬光大。玄奘西行抵达龟兹时，这里正被强大的突厥统治着。

玄奘一行一边前行，一边领略着龟兹浓郁的异域风情。说到龟兹，就不能不提及龟兹的佛教。大约公元初年，当佛教从古印度传入龟兹，被龟兹人欣然接受，并开始在境内大规模开凿石窟，用实际行动来表达对佛教的虔诚。于是，成吨的颜料被运送进石窟，画师们在石窟中忘我地绘制着佛教壁画，一发不可收拾，结果在龟兹境内开凿了克孜尔千佛洞。接着，富庶的龟兹国，臣民百姓乐善好施，虔心供奉，使龟兹一度成为佛教得以进入中原的重要后方。佛教圣地龟兹，吸引着遥远国度的僧侣。后来，从这里诞生了一位著名的佛教徒，名字叫鸠摩罗什，这是一位改变了龟兹的人。

将近龟兹王城时，国王率领群臣以及高僧木叉毱多等前来迎接。此外，数千僧伽都在城东门外等候，临时搭建起的行宫大帐中，安奉着一尊佛像，龟兹梵音环绕，彩旗飘扬，一派节日气氛。等玄奘一行赶至王城，国王和众僧忙迎上前去慰问。随后，玄奘在龟兹国王的陪同下步入帐中，宾主围着佛像依次排好。

礼佛后一名僧人手托银盘，上面置放着鲜花献给玄奘，玄奘接受了鲜花后，到佛像前散花礼拜，又向佛像礼敬，然后坐在木叉毱多之下。玄奘坐了一会儿，又去散花，散罢花又去献蒲桃浆。玄奘后来又辗转各寺，轮番献花献浆。直至夕阳西下，僧侣们才渐渐散去。

龟兹城东南有一座佛寺，寺内的数十名僧人都是来自高昌。当他们获悉玄奘从自己阔别多年的家乡高昌而来时，又和高昌王麴文泰结为兄弟，就恳请玄奘去他们寺里过夜，借此打探家乡的消息。

第二天，龟兹国王在王宫设宴，盛情款待玄奘。此时玄奘的身份非同一般，不仅是东土大唐的高僧，而且是高昌国王麴文泰的御弟。斋罢，玄奘遂辞别龟兹国王，到城西北的阿奢理儿寺，拜访高僧木叉毱多。

然而，庄严雄伟的阿奢理儿寺似乎对这位来自东土大唐的高僧并不欢迎，寺院里的僧人们对玄奘的态度十分淡漠，把他以普通客人的身份来看待，使玄奘心里略微失落。

木叉毱多名满西域，博闻强记，在当地威望极高，龟兹国人对他推崇备至。这位高僧曾在印度游学二十余年，信奉小乘佛教学说，虽涉众经，但最喜声明学（即印度文字学）。而玄奘西行欲学大乘佛教瑜伽宗的学说。

木叉毱多与玄奘看茶罢，他便大肆诽谤《瑜伽》为歪道邪说。玄奘不解，便与他辩论，并提问木叉毱多《毗婆娑》《俱舍》等佛典数处。木叉毱多答非所问，漏洞百出，只是以年迈昏聩自嘲。木叉毱多虽然被玄奘辩驳得毫无还口之力，但对未到而立之年的玄奘渊博的学识佩服得五体投地，甘拜下风。

因冰雪阻路，道路未开，玄奘一行无法西行，只好在龟兹国暂住下来。在龟兹国逗留期间，充分领略了这个西域国家独特的文化风情，他还经常去阿奢理儿寺探望木叉毱多。尽管在辩论时，木叉毱多被玄奘辩驳得节节败退，但玄奘认为这位龟兹国的高僧木叉毱多尚能潜心研习佛法数十年，肯定有过人之处。另外，木叉毱多在天竺多年的经历，也是玄奘热衷于了解的。

经过辩法之后，木叉毱多收敛起昔日的妄自尊大，在玄奘面前变得谦恭起来，不敢多言，并且有时故意避而不见。他曾私下对沙弥弟子说："此东土大唐高僧非易酬对。若往印度，彼少年之俦，未必出也。"

在龟兹国逗留期间，玄奘有时外出游山览水，有时去龟兹国的佛教艺术圣迹巡礼。龟兹佛教的盛兴，促进了佛教艺术的飞速发展，至今还保存着灿烂的佛教壁画艺术。著名的克孜尔石窟就是龟兹石窟中建造最早的，也是现存规模最大的，其壁画和雕塑精湛的艺术手法曾让玄奘叹为观止。

克孜尔石窟素有"中国第二敦煌"之称，有编号的洞窟多达二百三十六个，分布在悬崖上，一个个石窟层层相叠，鳞次栉比，气势恢宏，威风八面。壁画中的"飞天"，好像都是轻轻一笔便描绘出均匀的衣褶，又借助长长的飘带，表现出凌空飞舞、自由翱翔的意境，使得画面呼之欲出。龟兹石窟后被埋没于荒沙蔓草之中近千年，直至被后人所发现。

两个月后，春风徐来，大地复苏，天山上覆盖的冰雪开始消融。玄奘一行才离开龟兹国，束装向凌山出发。随行的还有龟兹国王调拨的驼马人夫，浩浩荡荡的西行队伍朝下一个目标凌山出发了。

第八章 ●————— 险 途

安静平和的日子很快随风而逝，西行队伍刚上路两天，就遭遇到强盗的拦劫。这伙强盗是勇猛彪悍的突厥人，而且人多势众，大概有两千余骑。这支庞大的骑兵队伍，足以抵抗任何一个西域国家的军队。

这些在荒漠上往来如风的突厥人，手持弯刀，面露凶色，面对传言中肥得流油的取经队伍，他们蜂拥向前，不由分说，把玄奘一行团团围拢起来，洗劫了所有的行资、财物。由于强盗之间分赃不均，引起内讧，相互打斗起来，最终一哄而散，幸好玄奘等人无性命之虞。

又前行六百余里，翻过一小片沙碛，便到达跋禄伽国（今新疆维吾尔自治区温宿、阿克苏一带），即汉朝的姑墨国，就等于即将进入天山山隘，玄奘等在此留宿一晚。

丝绸之路在跋禄伽国分为两条岔路，一条斜向西北通向咀逻私国（今中亚哈萨克斯坦的江布尔州）；一条斜向西南，通过疏勒（今新疆维吾尔自治区喀什地区西北部），可以直接进入印度。由于玄奘求法心切，渴望早日抵达印度，领会佛教真谛，他便做出一个惊人之举，向西北而行，去征服壁立千仞的雪山。

又向西北行三百里，玄奘一行等穿过一片沙碛后，便远远望见高山插天，一座雪岭，巨型屏障般阻住了去路。这就是古代的葱岭。高大巍峨的昆仑山和天山在此汇合成一道天然的屏障。此山凌空峭壁，万年积雪，积为冰层，春夏不解，积而为凌，高接云汉，仰视无际，只是白皑皑的一片。而坠落于路侧的凌峰，或高百尺，或宽数丈，使路径更加崎岖难行，登涉更加艰阻。

玄奘一行刚踏上山路，暴风雪就迎面袭来。夹杂在寒风中的雪粒冰凌苲，打在脸上如同刀割，由于风力太大，行人艰于呼吸。为防止马匹在爬行雪路时打滑，用毡布包裹着马蹄，才得以跟跄而行。由于覆盖山路的积雪常年不化，稍有不慎就可能陷入冰层或坠入悬崖，绝无生还的机会。此外，极为恐怖的雪崩随时都有可能发生，如不幸遭遇雪崩，人马九死一生。

加上海拔太高，悬在半山腰的饭食久煮不开。晚上，席雪而卧，即使复履重裘，也难以抵挡凛冽寒风的侵袭，很多人便抱拥在一起相互取暖。西行队伍几经辗转，才到达葱岭的北端，一座号称万山之祖的山岭，叫作凌山（今新疆维吾尔自治区温宿县境内西北部的穆素尔岭），岭区数千条冰川密集交错，好似玉龙飞舞，千姿百态，颇为壮观。

风景虽好，他们却无心欣赏，不得不设法翻越这一天险。玄奘一行，用长索相互挽着，牵着负重的牲畜，心惊胆战地从覆雪的山路上谨慎前行。经过七天难以复述的艰巨，终于成功地翻越凌山。为此，他们付出的代价相当惨重，十人中有三四人在这次翻越中丧生，负重的牲畜和财物损失更大。

为帮助这个大唐僧人完成西天取经的壮举，很多随从的性命永远滞留于雪山之间，但玄奘也在翻越雪山时留下身体的隐患，发作时让他痛苦不堪，直至生命的终止。

"艰难困苦，玉汝于成。"这段路途是玄奘西行万里的路途中，最为险恶的一段。

翻越凌山不久，看见一座大湖（今吉尔吉斯斯坦伊塞克湖），中国古称大清池，大清池虽然名字好听，但绝对凶险。

山行四百余里至大清池，周千余里，东西长，南北狭。四面负山，众流交凑。色带青黑，味兼咸苦，洪涛浩瀚，惊波汨㳔，龙鱼杂处，灵怪间起。所以往来行旅，祷以祈福。水族虽多，莫敢渔捕。

在公元 7 世纪时，伊塞克湖畔人烟渺无，山清水秀，风景清幽，是绝对的世外桃源。刚翻越雪山的西行队伍，体力消耗很大，需要调整身体状态。他们沿着湖岸向西北行走，且行且休，走出五百余里，到达素叶城（即碎叶城，在今吉尔吉斯斯坦托克马克一带）外。

素叶城因依傍素叶水，故得此名。该城地处"丝绸之路"两条干线的交会处，是来往于东西使者的必经之路，中西商人会集于此，兑换钱币、补充粮草、住宿休息。玄奘此行后的七十余年，即公元701 年，大唐诗仙李白诞生于此地。那时碎叶城是丝绸古道上一座重要城市，属于唐朝安西都护府最西部地区设防的一座边陲城市，是当时"安西四镇"之一。可惜这座唐代古城，经过千余年岁月的剥蚀，已风化瓦解成为一座巨大的土堆。

当时，雪山（兴都库什山）以北西域诸城，都在西突厥的势力控制范围之内。玄奘等取经使团要想顺利通过西域到达天竺，势必要寻求统叶护可汗的庇护，何况高昌王麴文泰已替他拟好推荐的一封书信。

素叶城距西突厥王庭千泉四百余里路程，玄奘一行到达时，适逢西突厥统叶护可汗在此狩猎，兵马甚众，军容整齐，呐喊声此起彼伏。素叶城位于中亚最东面，是西域境内最早知晓春天来临的地方。时值春和景明，惠风和畅，蛰伏了一冬的鸟兽们纷纷出来觅食，是狩猎的大好时机。

见到统叶护可汗后，玄奘双手呈上高昌王的亲笔书信，又叫人把驼马驮来的礼物献到统叶护可汗的面前时，他心里万分担忧，因为西突厥本信奉拜火教，与佛教水火不容。没想到，统叶护可汗看完书信后，神情大喜，对玄奘说："法师从东土大唐而来，一路辛苦，请先进城休息，我两三日后就返回。"

随后，统叶护可汗命一个名叫答摩支的官吏，引着玄奘队伍，进城休息。日落时分，他们抵达素叶城。答摩支把他们安顿在城外一座寺庙里，等待可汗的召见。

在玄奘看来，素叶城是一座土城，城池并不大，"城周六七里，诸国商胡杂居也。土宜穈、麦、葡萄，林树稀疏。气序风寒，人衣毡褐"。身负重物的骆驼队进进出出，尘土喧天，完全是一副西域情调。

三天后，统叶护可汗狩猎结束，满载而归，立即传令召见玄奘。玄奘便率领随从人员，步入汗帐。一般游牧民族居住的毡房简陋朴素，而西突厥可汗居住的大锦帐却金碧辉煌，令玄奘暗暗惊讶。

玄奘一手持锡杖，一手提袈裟的衣襟，缓步进入汗帐，离帐三十多步时，统叶护可汗出帐迎接。进入汗帐后，可汗升座，特为玄奘设一把铁椅，上面铺着锦褥，请玄奘入座。由于西突厥崇奉拜火教，如果坐在木椅上面，因木中含火，大有不敬之意，特为玄奘设一把铁椅。待坐定后，玄奘便漫不经意地打量着汗帐的布置，但见帐篷高挑，上面雕龙绣凤，显得高贵华丽。帐内排列着两行长筵，供达官贵人两旁待坐，其余仪仗队等环立于后，全场气氛极为威武庄严。

坐罢不久，传话玄奘的随行人员和高昌使人也纷纷入座，加入即将开始的丰盛奢华的筵席中。宾主坐罢，统叶护可汗便指示开席，可汗与大臣自饮一种酿制的马乳酒，另以葡萄美酒进奉给玄奘。席间，相互酬献，觥筹交错，热闹非凡，宾主尽欢。另外为玄奘准备素斋，饼饭、酥乳、石蜜、刺蜜、葡萄等食物，琳琅满目，甚为丰盛。

筵席过罢，统叶护可汗请玄奘讲佛说法，玄奘亦不推辞，讲解了一些佛家如何受戒行善、爱人惜物的道理，和波罗蜜多一些浅显易懂的佛理。统叶护可汗听后，举手叩额，大为欢喜。

此时，玄奘那颗悬着的心才缓缓放下。受到统叶护可汗的接纳和赞许估计与高昌王麴文泰结盟有关，他不仅写了言辞恳切的国书，同时奉上了大量的丝绸和干果。加上玄奘显赫的身份和昂贵的礼物，受到统叶护可汗的盛情款待，也是情理之中的事。

停留数日，玄奘的人格魅力深深吸引了统叶护可汗，竟劝道："法师不必去印度了，那里天气炎热，十月天气如同此地五月，看法师这般容貌，恐怕经不住那边骄阳似火的炙灼；再说印度人赤身裸体，肤色黝黑，丑陋的样子简直不堪目睹。"

玄奘谢绝了统叶护可汗的美意，说："贫僧西游，志在求取佛经，追寻圣迹，严寒和酷热都不能阻挡我，还望统叶护可汗见谅准行。"

统叶护可汗见玄奘矢志西行，将生死置之度外，哪里怕印度的骄阳，便不再强留。统叶护可汗很快物色到精通汉语和西域诸国语言的翻译，为他们拟好致诸国蕃书，并派一名通解汉语的少年随行，护送他们到迦毕试国（今阿富汗喀布尔城）。不仅如此，统叶护可汗又送给玄奘绫罗法服一套，绢五十匹，与群臣一起把玄奘送出素叶城外十余里，方珍重道别。

在夏季骄阳的炙烤下，玄奘一行离开了素叶城，继续西行。与统叶护可汗会面，对玄奘西行而言意义非凡，由于统叶护可汗的庇护，其后玄奘一路畅通，并得到丰厚的物资保障。

第九章 ·——— 布 道

西行队伍离开素叶城，西行四百余里至屏聿（千泉，即今吉尔吉斯斯坦库穆阿赛克一带）。此地方圆两百余里，南面雪山，三面平陆，水土沃润，林树扶疏，暮春之月，杂花若绮，泉池千所，所以又称千泉。这里是西突厥可汗每年避暑之处。山中有群鹿，多饰铃镮，驯狎于人，不甚惊走，可汗爱赏，下命群属，敢加杀害，有诛无赦，故此群鹿得终其寿。此地水木清华，景色绝美，但玄奘急于赶路，没有驻留细细欣赏，只是走马观花一晃而过而已。

由屏聿西行约一百五十里，就是呾逻私国（今中亚哈萨克斯坦的江布尔州），玄奘没有涉足此城，仅仅是道听途说而已。

从呾逻私国向南行走十多里，有一座小孤城。城里居住着三百多户居民，他们本是中原人，过去被突厥人掳掠于此，后来把同是来源于中原的人聚集起来，共同占据这座城池，在城中筑房而居。时间一久，衣着习惯逐渐被突厥同化，但语言仪态仍固守汉风。在万里之遥的西域，能遇到中原人，让去国离乡一年多的玄奘心里备感亲切。

作别久违的乡音，玄奘一行向西南行两百余里，至白水城（今哈萨克斯坦西姆肯特）。再由此西南行两百余里，便至恭御城（今乌兹别克斯坦首都塔什干地区奇尔奇克与帕尔塔拉克之间）。从此南行四五十里至笯赤建国（今乌兹别克斯坦首都塔什干地区汗阿巴德）。再西行两百余里，至赭时国都城旧石城（今乌兹别克斯坦首都塔什干）。

赭时国被称为石国，当地汉人中诸多石姓均来源于此。此国原为独立国家，曾一度臣服于西突厥，后脱离，又为统叶护可汗之兄射匮叶护可汗所灭，重为西突厥统辖。该国方圆一千四五百里，居民多从事畜牧，居无定所，迁徙频繁。玄奘到此所见，城邑数十，名别君长，既无总主，役属突厥。

玄奘的西行队伍在赭时国停留数日，补充粮草，稍做休息后，向东南行一千余里，到达怖捍国，即汉代所称大宛国（位于今吉尔吉斯斯坦的费尔干纳）。当时，该城没有最高的君主长官，部落首领之间，互相不服从，战火连绵不绝，凭借河流及险要之地，划分自己的都城领地，割地自治。

此后，玄奘等向西行千余里，抵达窣堵利瑟那国（今塔吉克斯坦境内），又称东曹国，本国立有君主，是西突厥的附庸国。

窣堵利瑟那国的西北，又是一片大沙碛，绝无水草，望遗骨前行。走出五百余里后，来到中亚最富有传奇色彩的飒秣建国（其都城故址在今乌兹别克斯坦境内的撒马尔罕以北），在唐朝文献中称为康国。玄奘记载："异方宝货，多聚此国。机巧之技，特工诸国。"

撒马尔罕意为"肥沃的土地"。耶律楚材说："寻思干者西人云肥也，以地土肥饶故名之。"此城坐落于阿姆河与锡尔河流域之间，为昭武九姓国之一，以康、安、曹、石、米、何、火寻、戊地、史为昭武九姓。

该国国王和百姓都不信奉佛法，却信奉拜火教，国内仅剩下两座寺庙，没有一个僧人敢居住于此。玄奘一行初涉此地时，国王碍于西突厥统叶护可汗的面子，对玄奘的到来不温不火。后玄奘为国王讲解人天因果，赞佛功德。国王听后感到豁然开朗，颇受教育，渐渐对佛法认可有嘉，当场就请玄奘为自己受戒。

一日，随玄奘西行的两个沙弥在不知情的情况下，冒冒失失地跑进一座没有僧人居住的寺庙里去焚香礼佛，结果遭到一群信奉拜火教的胡人放火驱逐，被一路群殴，险些丧命，万般无奈之下，他们跑到国王那里告状。盛怒之下的国王立即命人将纵火烧寺、围殴沙弥的肇事者统统捕捉起来，计划按照他们的法律，要剁掉这些罪犯的手臂。

临刑之际，玄奘不忍看到律令毁坏他们的肢体，便请求国王赦免他们。国王命人将他们痛打一顿，逐出城去。免遭重刑的罪犯，一边逃命，一边高声喊叫"多谢法师开恩"之类的感激话。

从此，该国上至国王，下至黎民，咸求佛事，遂又度僧建寺，香火渐盛，沉寂多年的佛教才渐渐复苏。

数日后，玄奘与国王辞别，向西南行三百余里，来到一个叫"羯霜那国"的小国。这里是帖木儿帝国缔造者帖木儿的故乡，声名显赫的帖木儿就出生于此。他还在此建造了一座白色的清真寺，里面安葬着他父亲塔剌海的遗体。他也为自己建造了一座清真寺，后来他的长子贾汉吉尔也安葬在里面。

其间，玄奘涉足的国家还有弭秣贺国（撒马尔罕之东南）、劫布咀那国（撒马尔罕之北）、屈霜你迦国（撒马尔罕与布哈拉之间）、喝捍国（撒马尔罕之西北）、缚喝国（又称安国，乌兹别克斯坦之布哈拉）、伐地国（布哈拉西南，阿姆河右岸）、货利习弥伽国（阿姆河下游两岸一带）。

然后，玄奘取经队伍一路西行，通过羯霜那国等西域诸国，逐渐折向东南两百里的帕米尔高原入山。山路崎岖，蹊径险绝，人迹罕至，又少水草。行三百余里，便来到西突厥极南面的边塞铁门关（故址在乌兹别克斯坦南部，为帕米尔高原的险要隘口）。

左右两座山峰鼎立，悬崖直上，形成地势险要的关隘，其色如铁，故得此名。这里是中亚南北交通要塞，西突厥屯重兵驻守于此。玄奘一行抵达关下，验明"护照"才开关放行。随着铁门上铁铃叮当作响，玄奘一行走进关内，在七里长、三丈宽的石道上缓缓走过。

出了铁门关，即到睹货逻国（其都城即今阿富汗东北境的昆都士），旧称吐火罗，亦叫活国。自高昌国至此，玄奘的西行队伍已经跨越十六国。

睹货逻国位于帕米尔高原西南，乌浒河上游，此地在历史上一直是中国西域与伊朗、印度等地交通往来必经之处。玄奘西行路经此地时，睹货逻国多为土著人，女少男多。当时的吐火罗，信仰佛教的人会被当地土著认为是异教徒而驱逐出境，然而无边的佛法还是逐渐感召了当地人。此国东西达三千余里，南北距千余里，东扼葱岭，西接波剌斯（波斯），南有大雪山（兴都库什山），北据铁门（撒马尔罕南方）。发源于帕米尔高原的阿姆河，穿越睹货逻国境内，自东向西流入咸海。

提及这个国家，在中国历史上并不生疏，古时称大夏，汉时臣属大月氏，到唐朝初年，又叫睹货逻国。这里是高昌王的妹夫，即统叶护可汗的太子咀度的封地。

此时，高昌王的妹妹已死。国王咀度尚在病重，听说玄奘从高昌国而来，又携带着高昌国王麹文泰的亲笔信，睹物思人，想起自己的亡妻，便和儿女们哽咽不已。哭罢，央求玄奘道："弟子见到法师，精神觉得好了许多。希望法师在这里多停留一段时间，等我的病体完全康复了，我亲自送法师到婆罗门国。"

说来也奇怪，因玄奘的到来，国王咀度的病情，果然一天好似一天。

玄奘正准备辞别国王咀度西行时，睹货逻国却忽然发生一场宫廷政变。国王咀度身体痊愈后，马上续娶了一位年轻貌美的王妃可贺敦，而新王妃却与咀度的长子特勒串通，将国王咀度毒死。长子特勒自立为王，公然娶后母为妻。因睹货逻国遭遇大丧，玄奘不便开口讲动身启程之事，滞留了一个多月。等政治斗争日渐平息，他求见新王特勒，请求派遣使者及马匹，以便西去印度取经。

新国王特勒虽然没能像老国王承诺的那样亲自护送玄奘前往印度，但也慷慨解囊，给予很多资助，并推荐他到素有小王舍城之称的缚喝国巡礼圣迹，玄奘欣然应允。

次日一早，玄奘一行辞别睹货逻国新国王特勒，渡过妫水（也叫乌浒水，今苏联与阿富汗之间的阿姆河），向西前行四百余里，来到缚喝国。在此，盘桓一个多月后，辗转至小王舍城。只见城中佛教鼎盛，寺庙林立，塔顶多以黄金装饰，太阳一照，光彩夺目，故有此称。城内寺院近百所，僧徒三千余人，佛教圣迹星罗棋布。佛堂中有佛澡罐、佛齿、佛扫帚等圣物。玄奘一一礼拜，态度极为虔诚。

在这里，玄奘遇到印度小乘佛教高僧般若羯罗（华言慧性）从印度前来巡礼，研读小乘论著，二人谈得十分投缘，不知不觉在此逗留月余。

缚喝国西南有锐末陀国、胡实建国，国王听说玄奘从东土大唐跋涉而来，立即派遣贵臣礼请过去讲法。使臣再三恳请，玄奘迫不得已，前去讲法。国王大为高兴，乃陈金宝饮食奉施，玄奘不受而返。过了些时日，小乘佛教高僧般若羯罗相随玄奘一行入揭职国（现在阿富汗得哈斯城）。

接着，玄奘一行向东南行走了六百余里，再次来到一座巍峨的大雪山（今兴都库什山地的伊拉克斯奇山）脚下。但见峰峦高耸入云，四季风雪接连不断，增冰峨峨，凝云飞雪。大雪山气候环境恶劣多变，远在凌山、沙碛之上，积雪深达数丈，翻越起来极为困难。

随后，玄奘取经使团经过六百多里的艰难跋涉，终于翻越大雪山，辗转向东北进入梵衍那国（今阿富汗喀布尔西北的巴米扬）。

第十章 ·

积雪迷途

梵衍那国的王城巴米扬城，坐落于群山腹部，是丝绸之路上的咽喉要塞。在王城附近的兴都库什山中，遍布着大小石窟六千多座，大约开凿于公元3至7世纪。屹立在巴米扬石窟群中的两尊巨佛，被称为巴米扬大佛。西边一尊凿造于公元5世纪，高五十三米，着红色袈裟，称塞尔萨尔；东边一尊凿于公元1世纪，高三十七米，着蓝色袈裟，称沙玛玛。我国晋代高僧法显和唐代高僧玄奘都曾瞻仰过宏伟庄严的巴米扬大佛，只是时间上没有重叠。

两座巴米扬立佛东边，有一所佛寺，寺东边耸立着释迦牟尼佛立像，高近百尺；据言寺内有佛入涅槃的卧像，附近另一座卧佛，长千余尺（相当于三百米）的佛像如果确有其事，将是世界上最大的卧佛。

玄奘巡礼一番，即刻起身南行两百余里，翻越大雪山，至小川。半月后，出梵衍那国境。途中遭遇大雪，在漫山遍野的大雪纷扬中，一度辨不清东南西北。无奈之下，玄奘一行只好在一处山凹中避风栖身。翌日，行至一小沙岭时，遇猎人指点迷津，方知道已走出大雪山，接着又翻越黑山，到达迦毕试国境。

迦毕试国（阿富汗加非利斯坦一带，其国度是今喀布尔地区）背靠大雪山，三面被黑岭环抱，既是中亚通往天竺的门户，也是中亚草原文明和天竺文明的分野之处。其国周围四千余里，是濒临印度西北的大国，街上的婆罗门教徒随处可见。国王系刹帝利种，智略勇烈，统辖着十余国，信奉大乘佛教，仅王城就有寺院达百余所，僧人多达五六千人。

获悉西天取经的大唐高僧玄奘一行即将抵达王城的消息后，国王和诸僧纷纷准备出城迎接，各寺院为获得第一个接待玄奘的殊荣，展开规模宏大的争夺战，空前激烈。此处城东有一小乘古寺名沙落迦，相传中国汉朝时期有一位附属国的王子在迦毕试做人质时由国王所建（据近代学者考证，当时汉朝附属国应为西域古国疏勒，古寺僧称"汉朝"，下文仍会提及这位质子）。

沙落迦寺的寺僧抢先说道："我们寺本是汉朝王子作质时所造，法师既然从东土大唐而来，理应先住在我们寺里。"

此言一出，力排众议，为沙落迦寺争得首席接待玄奘的权利。玄奘为这所小寺的修建背景而吸引，遂当即决定，下榻此寺。

据言，迦毕试国国王得到汉天子的质子后，优礼厚待，为其按照四季寒暑建造了四座寝宫，这座寺院实际上就是质子夏季所居住的地方。

这里还有一个十分有趣的传说。质子建造寺庙时，在寺庙的东门南面的一座佛像右脚下，埋藏了价值不菲的金银财宝，并刻下铭文："若伽蓝腐损，尚取脚下之财宝用以修缮。"众僧侣感恩戴德，在墙壁上到处绘有汉天子的肖像，每年的解安居日还要为其讲经修德，代代相传，经久不息。事后，玄奘看到寺庙的墙壁上绘制的质子的壁画，衣冠容貌均与中原人一致。据当地人说，连壁画上的桃子和梨子也是质子从中原带到印度去的。

相传，一旦有人想盗取佛像右脚下的财宝，佛像顶端的鹦鹉和壁画上的药叉就会发出各种恐怖的声音，甚至地动山摇，盗宝者不得不因恐惧而住手。尽管如此，仍有心怀私欲的贵族和盗宝者频频造访，想把珠宝据为己有，但最终都未得逞。

在当地汉族僧人的引领下，玄奘一行前往沙落迦寺时，把此寺的来龙去脉又详尽地叙述一番。玄奘获悉此事后，为王子的宅心仁厚而感念不已。为佛教薪火相传，汉王子在六百年前努力了很多，但历史久远，现在居然连这位王子的真实姓名都难以考究。

当玄奘到达沙落迦寺时，不免大失所望。目光所及的沙落迦寺院内，残垣断壁，壁缝灌木滋生，寺顶蒿草疯长，但地面绿草青青令人爱怜，正殿内的佛像漆面脱落、肢体残缺不全。整个画面冷光袭人，苍凉寂静，叫人遐思。质子生前是否真在此居住过，都让人怀疑。

据寺内僧人言，不久前，有位贪婪的恶王在利欲的驱使下，想从佛像右脚下盗取宝藏，但每次开凿，附近山体就会摇动，神像顶上的鹦鹉像看到挖掘，也会震动着翅膀发出厉声鸣叫，硬是把恶王和随从吓得胆战心惊，落荒而逃。不仅如此，就连寺内的众僧要取出珍宝修缮寺庙，大地都轰鸣振动，天生"异象"。久而久之，疏于修缮的沙落迦寺逐渐败落下来。

玄奘的出现，让沙落迦寺众僧重新看到一线希望，加上玄奘佛法精湛高深，又来自质子故国，估计能帮助他们战胜异象，取出财宝，重新修缮寺庙。传说，众僧力请玄奘向神明陈说情由，菩萨心肠的玄奘也乐意成人之美，便欣然应允，与众僧一起跪在佛像前，焚香祈祷说："汉质子原先藏下这些珍宝是预备修缮寺庙所用，如今正好急需，希望神明鉴察我等无妄之心，收敛神威，如蒙允许，玄奘亲自指挥挖掘和清点移交，称度斤两，按照程序修造，绝不浪费，切望神灵体察众人之心。"

言罢起身，即命人挖掘。玄奘和众僧的赤诚之心似乎感动了质子的在天之灵，当他们在佛像脚下挖掘时，果然周围平安无事，没有出现任何异象。最后，众僧在地下七八尺处顺利掘出一口铜缸，众僧七手八脚抬出来一看，里面足足装有数百斤黄金和数十颗珍珠，众僧皆赞叹而心悦不已。

在沙落迦寺内，玄奘施展了一桩惊为天人的"法力"后，一时名声大振，被众人奉为神明。

玄奘和小乘佛教高僧般若羯罗，一同在迦毕试国逗留几天，与当地高僧交流佛法。这里有大乘高僧秣奴若瞿沙、萨婆多阿梨耶伐摩，小乘高僧有求那跋陀，都是佛界领袖，但他们不能兼通诸部经典，大小乘各有侧重，虽有专精，毕竟只是偏颇一门。只有玄奘兼通大小乘，随人发问，对答如流，众人皆心悦诚服。国王大悦，赏赐玄奘五匹纯锦作为敬礼，其他人等也多少得到不同的赏赐。

这时，高僧般若羯罗受睹货逻国王的请回，玄奘只好与之珍重作别。五天后，玄奘向迦毕试国国王辞行，在迦毕试国使者的引领下，独自向着北印度方向前进。

北印度越来越近，玄奘似乎在冥冥中听到佛祖的梵音在召唤。

第十一章。——

初入北印度

离开迦毕试国后，玄奘独自东行六百余里，越过黑岭（今阿富汗东部兴都库什山一带），进入北印度境内。经过一年多的长途跋涉，旅途中的艰辛非亲身经历者难以想象，玄奘途经包括高昌国在内的大小二十四国，方才踏入佛教圣地北印度的境内。异国情调的人文风光扑面而来，一路上饱受的磨难统统抛到九霄云外，玄奘感动之心溢于言表。

隋唐之前，中国人习惯称印度为天竺。玄奘西行取经后，在《大唐西域记》中指出："详夫天竺之称，异议纠纷，旧云身毒，或曰贤豆，今从正音，宜云印度。"又云："印度之人，随地称国，殊方异俗，遥举总名，语其所美，谓之印度。"玄奘给我们指出，按古印度的语言，应该称为印度。所以，印度这个称呼，从玄奘西行回国后，沿用至今，这是玄奘在地理名称上的贡献。此外，印度国名还得名于今印度和巴基斯坦两国境内的一条大河，中国古称"信度河"或"辛头河"，玄奘定名后，改称印度河。

印度是一个文化的大熔炉，这个国家独特的历史背景使它包含了从远古到现代、从西方到东方、从亚洲到欧洲等多种文化潮流。再加上它是一个由五大民族构成的国家，本身就像一座超级文化博物馆。在种族上说得确切些，就是三大人种（黄种、黑种、白种）都有，方言竟多达二百种以上，所以古印度居民的构成比较复杂。

在前人佐证的基础上，玄奘把古印度疆域按其方隅划分为东、南、西、北、中五大块（也叫五天竺、五印度），并用四句话对印度的地理特征作了概述："三垂大海，北背雪山。北广南狭，形如半月。"此次界定，不仅与今印度的自然地理特征相符，而且也是玄奘足迹遍及印度的佐证。

玄奘进入印度后，先由北印度转入中印度，再由中印度转入东印度，又沿印度东海岸向南，到达南印度，然后又由南印度绕行西印度，最后又回到中印度。玄奘周游五天竺，加上周边大大小小的城邦，他的足迹踏遍当时的七十多个国家和地区，是中国历史上第一个周游五印度的高僧，足迹遍及今天的印度、巴基斯坦、斯里兰卡、阿富汗、克什米尔地区等地。

玄奘进入北印度，首先到达滥波国（故址在今阿富汗贾拉拉巴德以西喀布尔河北岸的拉格曼一带）。国内有寺庙十余所，僧徒寡少，并多习学大乘法教。该国在文化上完全属于印度体系，风俗习惯也和印度大同小异。此国方圆一千多里，北面背靠雪山，三面靠近黑岭。境内适宜种植粳稻，盛产甘蔗，树木茂盛但果实稀疏，气候温暖如春，有时稍微降点霜，却不下雪。这里的气候风貌，与玄奘以前路经的诸国完全不同，显然已经接近热带地域。

玄奘在此停留三天，巡礼了十来所寺庙，从此南行百余里，到达那揭罗曷国（故址在今阿富汗南加哈尔省首府贾拉拉巴德）。此国东西长六百余里，南北长二百五十余里，四面皆山。国有大都城，无大君长，隶属于迦毕试国。居民大多信奉佛法，是北印度一个佛教发达的国家。法显、玄奘、义净等入竺僧人，均曾造访过此国。据游记所载可知此国于公元四五世纪，盛行佛教；至公元7世纪时，臣属于迦毕试国。之后，佛教乃逐渐衰退。

该国有一处著名的佛教圣地，名叫醯罗城。醯罗城有两处佛陀圣地：一是佛顶骨，二是佛影窟。

佛顶骨是一块周长约一尺二寸、直径约四寸、高五寸的遗骨，是一块较完整的骨骼，折合公制（唐制一寸约三厘米）周长三十六厘米，直径十二厘米，高十五厘米，形如蜂巢，颜色黄白，有清晰的发孔。在这里，许多佛教圣物被众信徒争相供奉，而佛顶骨无疑是其中最重要的一件圣物。醯罗城因佛顶骨而得名，故又名佛顶骨城。据传有很多国王曾经把这片佛顶骨抢走，但不久又自动送回到醯罗城。对于佛教徒来说，佛顶骨的地位至高无上。

《法显传·那竭国》记载了佛顶骨的供养仪式。

> 法显独进向佛顶骨所，西行十六由延，至那竭国界醯罗城。城中有佛顶骨精舍，尽以金薄七宝校饰。国王敬重顶骨，虑人抄夺，乃取国中豪姓八人，人持一印，印封守护。清晨八人俱到，各视其印，然后开户。开户已，以香汁洗手，出佛顶骨，置精舍外高座上，以七宝圆砧，砧下琉璃钟覆上，皆珠玑校饰。骨黄白色，方圆四寸，其上隆起。每日出后，精舍人则登高楼、击大鼓、吹蠡、敲铜钵。王闻已，则诣精舍，以华香供养。供养已，次第顶戴而去。从东门入，西门出。王朝朝如是供养礼拜，然后听国政；居士长者亦先供养，乃修家事。日日如是，初无懈倦，供养都讫，乃还顶骨于精舍中。有七宝解脱塔，或开或闭，高五尺许，以盛之。精舍门前，朝朝恒有卖华香人，凡欲供养者种种买焉。诸国王亦恒遣使供养，精舍处方三十步，虽复天震地裂，此处不动。

而佛影窟位于醯罗城南方一处悬崖上。悬崖上有一岩窟，相传岩窟里曾住着一条瞿波罗龙王，如来降服这条孽龙后，便在岩窟中留下佛影。

玄奘到达佛顶骨城，想去巡礼，听说不仅道路荒芜难行，又时常有盗贼潜伏，久已无人问津。近两三年来，前去参拜的人，很少有能够平安返回的。玄奘感觉如来真身之影弥足珍贵，机会难得，便执意前去巡礼。而迦毕试的使者急于回国，不愿涉险，劝玄奘放弃。可玄奘不为所动，执意躬身前行去体验佛的圣迹。

翌日一早，玄奘独自前往佛影窟巡礼。本来打算找一个向导，可识路的人一听他要去佛影窟，便吓得断然拒绝，以重金相许也不敢轻易前往。最后，在途中遇到一个印度孩子，这个孩子替他找到一位愿意做向导的老人，便一同出发了。

通往佛影窟的路途果然荒僻险阻，加上道路两边山深林茂，路上行人寥寥。果如传闻所言，前行几里，正当玄奘怀着朝圣之心，聆听着茂林中山雀的鸣叫和山泉的叮咚声，在峰回路转处行走时，忽然从路边跳将出来五名手持钢刀的蒙面强盗，杀气腾腾地拦住了去路。

见此情景，带路的老向导胆怯地向后退去。玄奘向前一步，脱去帽子，单手施礼，亮出僧伽身份。

一个手持利刃的强盗，挥舞着手中的弯刀，厉声喝道："和尚要去哪里？"

玄奘平静地说道："贫僧玄奘，欲前往佛影窟参拜，惊扰几位施主了。"

持刀拦路的五位强盗，见今日拦截的是一位法师，知道油水不多，杀气遂减弱了几分。强盗又问："你这和尚，难道没有听说过这条道路上时常有强盗出没吗？"

玄奘淡然一笑说："佛影在前，即便到处是毒蛇猛兽，我也不怕，何况檀越都是人身？"

几位强盗为玄奘大义凛然之气所感动，当场表示愿意放下屠刀立地成佛，并陪同玄奘一同参拜佛影。

在五位强盗和老向导的引领下，玄奘来到了佛影窟所在的岩崖前。近前细看时，洞口在石涧东壁，门朝西开，正对着瀑布，探身往里一望，但见昏昏暗暗，里面一片幽深，什么也看不清楚。

身后经验丰富的老向导告诉他，摸黑径直往前走五十步，便碰到石洞东壁；再往后退十多步，面向正东注视，才有可能看见佛影。不过，只有与佛有缘之人进入洞中，才有幸一睹如来的影像。

玄奘听后，依言扶着逼仄的洞壁，迈着碎步，一点点往里挪移。大概走了五十余步，果真碰到了石涧的东壁，又按照老向导的吩咐，再往后退出十多步，整理一下袈裟，才揖手虔诚礼拜。

在《大慈恩寺三藏法师传》卷二中，对玄奘在佛影窟中的境况做了传奇的讲述，下面对之转述。

在阴森潮湿的洞窟中，玄奘的内心被虔诚所笼罩着。他冒着生命危险，就是想瞻仰如来的影像。可事与愿违，玄奘一连拜了一百余次，抬首向东看时，那片石壁上依旧是黑糊糊的一团，根本没有佛像显现。心中懊恼不已，玄奘心想自己业障深重，诚心不够所致，佛祖才迟迟不肯现身。于是，一边忏悔，一边赤诚礼拜、念经。又礼拜了一百余次后，才看见石壁上忽然出现佛光，有钵盂大小，影影绰绰的一团光晕，但转瞬即逝。

玄奘悲喜交集，更加礼拜不已，立誓不见如来佛影，誓不离开洞窟。他强忍着因频繁礼拜而导致的身体酸痛，精诚所至，金石为开，只要坚持到底，就一定能看到如来的佛影。

又跪拜了二百多次后，只见洞窟中一道强光凛然一闪，刹那间映亮不规则的石壁。如来佛影清晰地浮现在石壁上，如来佛祖身披赤黄色袈裟，面容慈祥，脚踩莲花宝座，膝盖以上较为清楚，莲花宝座以下较为模糊，竟连身后左右菩萨、圣僧的身影都显现出来。

"佛祖，我看到佛祖的影子了。"玄奘仰天悲鸣，激动地泪如雨下。众人称奇，感叹这是前所未有的事，倘若不是玄奘法师一片至诚之心，佛影是不会轻易显现的。

玄奘大喜，忙招呼洞窟外六人持火进来烧香礼拜，等他们一进来，佛影立即消失不见。玄奘急令众人熄火再拜，众人依言，跪倒礼拜不止，佛影才袅然而现。六人中只有五人能看到佛祖的影像，这样持续了一顿饭光景，玄奘焚香献花，礼拜完毕，佛影方才渐渐消失。

直到佛影完全散去，众人方万分不舍地退出洞窟。

参拜完佛影后，玄奘与众人回去，那五位强盗皈依佛门，受戒后告辞。

第十二章。──迦湿弥罗国

是年秋天，玄奘一行渡过适逢旱季河水流速缓慢的印度河，到达北印度的犍陀罗国的都城布路沙布罗（今巴基斯坦白沙瓦东北）。当时，印度中部、北部都在曷利沙帝国统治之下。

　　犍陀罗国意为花香遍国，国名颇古。东西长千余里，南北宽八百余里，东临印度河。该国创始者，原为大月氏人（在敦煌附近），因疆域扩大，建都今巴基斯坦的白沙瓦市西北。亚历山大大帝东征于此时，高度发达的希腊雕塑艺术才得以传播；阿育王以后，这里历代统治者都崇奉佛教，大规模地建造佛寺、佛塔，雕塑佛像。在这些佛教建筑中，犍陀罗人汲取了古埃及、希腊、罗马、波斯的雕刻手法，并加以发展，形成表现美的比例和谐的几何形体和焕发生命力的人体雕塑艺术。后来，随着佛教的传播，犍陀罗雕刻艺术进入西域，再由西域传入中原，影响极其深远。北魏时建造的云冈巨佛主像是从岩石上直接雕出来，带有犍陀罗刚硬的风格。到龙门石窟时，中国的艺术家已经具有完全吸收印度和中亚风格的能力了，雕刻艺术赋予了华夏的民族气质。

　　都城白沙瓦，意为百花之城，城内有许多佛教圣迹，城东北的佛钵宝台；城外东南八九里处有一棵菩提树，高一百余尺，枝叶扶疏，荫影蒙密。相传，过去四佛曾在树下坐过，现在还显现出四佛的坐像。离宝树不远，又有一座高达四百多尺的佛塔，为迦腻色迦王所造，塔基周围，便有一里半，高一百五十尺。塔顶上更起二十五层金铜相轮，把一斛如来舍利放置其中，礼拜供奉。大佛塔西南一百多步，有一尊汉白玉佛像，高一丈八尺，面北而立，雕刻极为生动传神，完全是犍陀罗雕刻艺术风格。古代不少圣贤，如无著、世亲等，皆与此地有缘。

公元 5 世纪，这座誉满天下的犍陀罗佛教艺术的城市毁于来自欧亚大草原的白匈奴骑兵的战火，沦为一片废墟。经过上千年风雨的侵蚀，从现在的残垣断壁以及那恢宏的古城轮廓中，仍依稀可见千年前雕刻艺术的无尽精华。

公元 7 世纪，当玄奘抵达于此时，犍陀罗的佛教已经衰落，王族绝嗣，亦属迦毕试国。邑里空荒，居人稀少，宫城一隅有千余户。昔日的荣光已逝，满目疮痍的景象使玄奘伤感不已。尽管如此，这里仍然是玄奘西行求法途中极为重要的一站。

玄奘一边巡礼参拜佛迹，一边把高昌王和统叶护可汗赠送他的金、银、绫绢等财物分赠给各个大佛塔、大佛寺中的众僧，以资供养。然后离开这里，取道白沙瓦附近，北行六百余里，到达犍陀罗国北面的迦湿弥罗国（今克什米尔地区），其都城苫揭厘城（今克什米尔印度控制区的斯利那加），这是一个军事实力比较雄厚的邦国。

迦湿弥罗国地处喜马拉雅山西麓，是北印度的一个大国，都城内有百余座寺庙、五千余名僧徒；城内还有四座佛塔，相传为阿育王建造，每座塔里都藏有佛舍利。为小乘佛法的发源地之一。该国僧律仪训传有五部：一、法密部；二、化地部；三、饮光部；四、说一切有部；五、大众部。

西行队伍在一处名叫石门（迦湿弥罗国的西门）的边境要隘停留下来，受到迦湿弥罗国国王弟弟及随从人员的热烈迎接。他们护送玄奘一行通过石门，溯印度河的一条支流而上，但见千岩竞秀，万壑争流，气象万千，呈现出一派印度风光。在距都城四十余里的达摩舍罗为玄奘一行举行了盛大的欢迎仪式，国王率领众僧以及数千人，宝盖盈涂，烟华满路。玄奘一到，国王向他献花，并邀请玄奘乘上一头大象，簇拥着他浩浩荡荡地向王城挺进。玄奘坐在高高的象背上，环顾左右时，但见城郭壮丽唯美，满城士女盈衢，夹道欢迎，到处香烟袅娜，过节般热闹非凡，内心欢欣鼓舞。

穿过夹道欢迎的人群进入都城，国王便把玄奘一行安置在阇耶因陀罗寺内。

次日，国王把玄奘请进王宫，又请来当地数十名高僧大德作陪，用盛大的筵席为他接风洗尘。宴罢，国王请国内一位七十多岁的高僧讲经，并请玄奘与他一同参研佛法。这位年近古稀的高僧，法名僧称，鸿儒硕学，为迦湿弥罗国法界的领袖。

讲坛上，一宾一主，一来一往，对答如流，妙语如珠，互相钦佩，直听得台下王公大臣和众多僧人如痴如醉。僧称大师见玄奘谦虚好学，便不顾年事已高，竭力向玄奘传授小乘佛教的主要经典，午前讲《俱舍论》，午后讲《顺正理论》，初夜后讲《声明论》《因明论》，旁征博引，诲人不倦。僧称大师对玄奘赞赏有加，对众僧说："此东土大唐高僧智力宏赡，顾此众中无能出者，以其明懿足继世亲昆季之风，所恨生乎远国，不早接圣贤遗芳耳。"

但某些迦湿弥罗国的大乘僧人，并不具备僧称法师的容度气量，听了他对玄奘的褒扬很不以为然，其中便有当地小有名气的僧人纷纷主动上门宣战，试图驳倒玄奘，借此一举成名。玄奘来者不拒，应对如流，将这些宣战者一一击溃。在短短半个月的时间里，这位大唐高僧的名望，已遍及北印度。

在僧称法师的悉心教诲下，玄奘如鱼得水，学业大有长进，很多佛学上的疑难问题都迎刃而解。

国王念及玄奘远道而来求取真经，但至今没有经本，就特意派二十名佛门弟子专门为玄奘抄经，另外拨给五人，供玄奘遣用，一切费用由王室支付。这是玄奘踏入印度国境后，第一次受到优厚礼遇。

此外，迦湿弥罗国的佛教历史十分悠久，这里是佛教历史上第四次结集佛典的地方，保存着相当完整的佛教经典。早在贵霜王朝时期，迦腻色迦王在位时就大力推行佛教。贵霜王朝虽国力昌盛，但当时佛教流派纷呈，派系之多，竞争之烈，是前所未有的，各派系之间相互攻讦，彼此不服输，大大阻碍了佛教的发展。在胁尊者的支持下，迦腻色迦王利用国王的权威，下旨召集各地高僧在迦湿弥罗结集教法。

于是，迦湿弥罗国成千上万的高僧云集于此，盛况空前，每天争执不休，使得整个大会喧嚣不止，难以为继。为了让大会延续下去，迦腻色迦王经过三番五次的遴选，最终剩下四百九十九位具备真才实学的高僧大德，再加上毛遂自荐的世友法师，组成了一支庞大的高僧团队，这便是第四次结集所谓的"五百尊者"。

这五百位高僧先后编纂了阐释经藏的《优波提舍论》十万颂、阐释律藏的《毗奈耶毗婆沙论》十万颂与阐释论典的《阿毗达摩毗婆沙论》十万颂，共计三十万颂，九百六十万字，备释三藏，大义重明，微言再显，示范千古。迦腻色迦王令人将赤铜铸成薄片，刻上结集好的经论，并用石匣封住，建塔藏好。此后，迦腻色迦王返回犍陀罗国后，把迦湿弥罗布施给了僧人们。

玄奘到达时，迦湿弥罗国的佛教虽不及几百年前兴盛发达，但依旧保存着世友法师及五百位高僧编写结集的非常完整的佛学典籍，这正是玄奘梦寐以求的法宝。他意识到，只有对天竺浩瀚的梵文经藏进行一次系统的学习和研读，才能为日后周游五印度和回国译经事业夯实基础。

基于这两点学以致用的考虑，玄奘每日埋首于浩若烟海的佛典中，钻研梵语佛经，不时向高僧请教，以求在佛学修养上精益求精，日臻完善。玄奘乐此不疲，在迦湿弥罗国前后停留了将近两年。尽管迦湿弥罗国的佛学底蕴深厚，但当时印度的佛教中心却在一个叫那烂陀的地方，那是玄奘心中的圣地。

第十三章　。——

强盗内讧

公元 629 年秋，饱读佛典的玄奘带着抄写的佛经离开了迦湿弥罗国，继续南下。向西北行七百里至半笯嵯国（今斯里那加西南的帕隆茨），又向东行四百余里到遏罗阇补罗国（今克什米尔南部的拉加奥利一带）。从这里再跋山涉水，往东南前行七百余里，才到达磔迦国（今印度与巴基斯坦两国北部旁遮普一带）。

磔迦国位于迦湿弥罗国之南，是北印度的一个大国，方圆一万余里，东界紧靠毗播奢河，西界濒临信度河。此地靠近沙漠，气候炎热，暴风很多。这里风俗礼仪，与印度内地天悬地隔，民风尤为凶悍。

从迦湿弥罗国起，玄奘便有意放缓了西行的步伐，每到一国，他都会拜访当地的高僧大德，潜心向他们学习佛典。出了遏罗阇补罗国，经二日，渡过旃达罗婆伽河（今杰纳布河），到达阇耶补罗城，并随当地一位九十多岁的高僧密多斯那学习萨婆多部的《辩真论》两万五千颂。此后，又到达奢羯罗城（磔迦国的故都，今巴基斯坦旁遮普省），此地曾是巨大的贸易中心，位于肥沃的丘陵地带，是往昔约纳迦的名胜之地。公元 6 世纪前叶，此城成为厌哒王（特勤）摩醯逻矩罗的首都，故址在今巴基斯坦北部之锡亚尔特城。玄奘到达时，城垣已经毁坏，可基址犹存，周围有三十余里，其中有一座小城。在这里，玄奘巡礼了有世亲菩萨制《胜义谛论》处，及过去四佛说法处。

出了那罗僧诃城，向东进入波罗奢大森林中，放眼望去，但见高大挺拔的甄叔迦树郁郁葱葱绵延数里，那些树木极其怪异，与陆上植物迥然不同，弥漫着浓郁的印度风情。目光所触，古树参天，还有些直径近尺的千年古藤，古藤缠绵交错蔓遮半亩的面积，长臂猿牵着藤蔓荡秋千，林中不时有成群的野象出没。玄奘一行披荆斩棘，在森林中前行了好几里，还没有望见森林的边际。

正迟疑间，猛听一声尖锐的呼哨过后，从怪石后面蹿出来五十余名强盗，个个袒胸裸臂，他们手持刀枪一字排开挡住去路。眨眼间，把玄奘和随从所带的行李资财洗劫一空，还挥刀把他们驱赶进路边的枯池中，准备统统杀害灭口。池水将枯，池塘的四周滋生着蓬荆藤萝，池底的淤泥深及膝盖。与玄奘同行的小和尚躲在荆棘丛里，环顾左右，发现枯池南岸有个出水洞口，仅容一人匍匐而过，遂把这个秘密悄声告知了玄奘。玄奘闻言大喜，便趁嘈杂混乱之际，悄无声息地朝洞口爬去。借着池底草木的掩护，二人偷偷从洞中钻出，朝东南一口气飞奔出二三里路远。

等逃出森林的边缘，视野豁然开朗，劫后余生的他们遇到一个婆罗门在田间耕地，玄奘急忙把遭遇强盗抢劫之事告诉了他，并向他求救。婆罗门闻言大惊，马上解下耕牛，向村中吹响螺号发出警报。村人听到警报，有八十余人手持器械，从四面八方朝事发地点蜂拥而至。强盗们见寡不敌众，便抱头鼠窜，纷纷向附近的森林里逃窜。

玄奘便与前来救援的村民，去枯池边为被绑众人解缚，各自安慰一番，便相互搀扶着到村中投宿，并向村民们讨来一些衣物穿上。随行客商的财物遭到强盗的洗劫，又受到索命的恐吓，个个面露悲色，哽咽不已，只有玄奘面带微笑，若无其事。一个随行者很奇怪地问道："白天我们遭劫，衣物资财全被强盗劫去，仅剩下一个光身子，法师为何不与我们同忧，反而嬉笑不已？"

玄奘闻言，心平气和地答道："中国有句古语'天地之大宝曰生'，世上最宝贵的无非是生命。既然生命还在，其他一些金银衣物的损失，又有什么值得吝惜忧虑的呢？"众人听后，焦灼的心情稍微感到宽慰。

次日，玄奘等人来到磔迦国（今印度旁遮普邦境内）东境的一座大城镇，在城西北一大庵罗林中，晤见一位传说超过百岁的婆罗门，他是印度哲学大师龙猛的高徒。但他看上去不过三十多岁，魁伟健壮，学识渊博，他们一见如故，谈话非常投机，大有相见恨晚之憾。当他闻听玄奘昨天遭劫之事，于是派侍者传讯给城里信奉佛教的人，号召大家施敬。几天工夫，人们捐献来许多衣物、布匹和素食果品。

当佛教徒纷纷为玄奘施敬的消息传至强盗首领耳中，获悉手下弟兄们误抢了东土大唐玄奘法师一行的财物时，他们只恨自己有眼无珠，愧歉万分。在佛法福力的感召下，决定从此洗心革面，便集合豪杰等三百余人，每人各取出氎布一端，并携带素食，恭敬地来到玄奘住处，献上物品，跪拜问候。玄奘为他们祈福，相对笑语，并劝他们弃邪归正，悔过自新。强盗们大为感动，聆听完玄奘的教诲后，各自散去。

老婆罗门看后，十分惊诧，连声赞道："这是前所未有的事。"

玄奘在此停留期间，跟随老婆罗门学习《经百论》《广百论》《吠陀经》和《奥意书》。因为他是龙猛的弟子，亲接师承，对经论解说的见解上观点明确。

一月后，玄奘告别老婆罗门，离开磔迦国，继续向东行走五百余里，到达至那仆底国（今印度旁遮普邦费罗兹浦尔附近）。至那仆底是北印度古国，其梵文的音译为"汉封"。位于阇烂达罗国之西，即今拜亚斯河与索特来治河会流处以南一带。据《大唐西域记》卷四所载，此国周围二千余里，都城周围十四五里，国用丰赡，气序温暑，学综真俗，兼信邪正，有寺庙十所、天祠八所。首都之东南五百余里地有答秣苏伐那寺，寺里有僧徒三百余人，专习说一切有部。

佛入灭后三百年，尝有迦多衍那论师于此地造《发智论》。

从前，迦腻色迦王统治天下时，武力强盛，号令西域各国。中国汉朝时期的疏勒国（在前文迦毕试国时曾提到），因畏其声威而送去质子。得到质子后，迦腻色迦王非常高兴，给予这位王子丰厚的赏赐和隆重的礼遇，一年四季更换住所，增设步、马、车、象担任警戒，玄奘所到之处是质子冬天居住的地方，所以叫至那仆底国。据说，印度各地，之前土地上不种植梨、桃，都是质子来到之后才种植的，于是称桃子为至那你，唐土称汉持来，梨子为至那罗阇弗咀逻。因此，该国民众深深地敬重东土，他们指着玄奘说："这是我们先代君王的同国之人。"

玄奘等人抵达至那仆底国，投宿到突舍萨那寺。寺内有高僧叫毗腻多钵腊婆（汉译调伏光，是北印度王子），气宇轩昂，精研三藏，著有《五蕴论释》《唯识三十论释》，对佛法的见解非常独特。玄奘在此滞留了十四个月，向毗腻多钵腊婆学习《对法论》《显宗论》《理门论》等佛典。

接着，玄奘一行向东北行走一百四五十里，至阇烂达罗国。其故址为北印度遮兰达城，相当于今之比阿斯与舒特烈基两河间的遮兰达尔。滞留于那伽罗驮寺四个月，从高僧旃达罗伐摩学《众事分毗婆沙论》。归途时，亦曾再入此国，享受到乌地多王提供的礼遇。

玄奘一行经过屈露多国、设多图卢国，行程三千二百余里。他且行且学，每到一地，都要认真考察当地风土人情和物产情况，悉心向当地有学问的高僧大德请教，因而备受当地百姓的欢迎和尊重。玄奘游历北印度后，到达中印度境内。

第十四章 。——巡礼中印度

中印度是释迦牟尼成道说法之处，佛教兴盛，佛迹甚多。玄奘探寻着佛的遗迹，让心灵接受佛法的洗礼，前后游历了三十多个国家。相传，释迦牟尼在一棵菩提树下得道后，被称为"佛陀"，简称佛。"释迦"是其种族名，意思是"能"；"牟尼"是尊称，也译为"文"，意思是"仁""儒""忍""寂"。"释迦牟尼"四个字合起来就是"能仁""能儒""能忍""能寂"，也就是释迦族的"圣人"。释迦牟尼是佛教徒对他的尊称。

　　玄奘又东行五百余里，至古印度十六国之一的秣菟罗国（其地在今印度北方邦恒河支流朱姆那河流域），该国的近护寺在印度佛教史上地位显赫。玄奘在此礼拜了释迦诸弟子的遗身浮屠，有舍利子、没特伽罗子、布刺拿梅呾丽衍尼弗呾罗、邬波厘、阿难陀、罗怙罗、曼殊室利诸菩萨牢堵波等浮屠。又东行四百余里抵达萨他泥湿伐罗国（其都城故址在今印度旁遮普邦的塔内沙尔）。

　　此后，玄奘一行又东行四百余里，至窣禄勤那国。该国北靠大山，东临恒河，阎牟那河中境而流。又沿河东行八百余里，至恒河的源头，源头宽三四里，东南流向入海处，宽十余里。河水味道甘美，细沙如粉，随波逐流，被印度人民尊为"福水"。传说，在河中洗浴，可以涤除罪恶；轻命自沉，即生天受福；死而投骸，亦不堕恶趣；扬波激流，亡魂获得接济；许多善男信女，常沐浴于此。这些传说都是外道邪说，不符事实。后来经过提婆菩萨开示正法，这些愚见愚行才停止。玄奘一行至此，亦纷纷取水饮来解渴。果然名不虚传，水味甘美异常。

去国怀乡的玄奘站在恒河岸上，望着夕阳下波光粼粼的河水和河面上穿梭往来的舟楫，河岸上是绵延数里的庙宇和神殿，他感慨万千，一方面眷恋崛起的大唐王朝，一方面对孕育着印度古老文化的大河，敬佩不已。

此国有大德名阇耶毱多，娴熟三藏，玄奘遂在这里居住了一冬半春，听他讲完《经部毗婆沙》。

暮春三月，玄奘渡河抵达秣底补罗国（其故址在印度的曼达瓦尔）。大城南四五里处有座小寺，僧徒五十余人，从前瞿拏钵剌婆（唐言德光）在此论师，并撰写了《辩真论》等论著，共一百余部。德光寺北三四里处，另有一寺，是众贤论师寿终处。论师原是迦湿弥罗国人，博学通达，自幼便传布良好的声望，尤其对《毗婆沙论》进行了深入的研究。当时世亲菩萨专心研究佛教的玄奥道理，撰写了《毗婆沙论》，破毗婆沙师所执，辞义善巧，理致精高，西域学徒，莫不赞扬。众贤决心与之论辩，深入研究十二载，撰写出《俱舍雹论》二万五千颂，八十万言。派学徒三四人持所作论，探访世亲，欲面定是非，未果而终。后来世亲览书阅论，沉吟良久，叹理虽不足，言辞乃锋利有余，易名为《顺正理论》行世。众贤死后，焚尸收骨，于佛寺西北二百多步的庵没罗林中起塔，遗骸尚存。

当时有德光论师弟子密多斯那，年已九十，娴熟三藏。玄奘在此停留半春一夏，向其学习《辩真论》《随发智论》等佛典。

该国西北境的恒河东岸有摩裕罗城（故址在今恒河运河尽头的摩耶补罗），从此北行三百余里，至婆罗吸摩补罗国（今印度北方邦西北部之迦尔瓦尔地区）。接着，又东南行四百余里，至瞿毗霜那国（今印度北方邦卡普浦尔之东两公里处）。又南行二百余里，渡过恒河，至毗罗删拿国（今印度北方邦西北的艾塔区的比尔沙尔）。从此，东南行二百余里，至劫比他国（今印度北方邦法鲁迦巴德城西约四十公里处的桑基萨村）。再向西北行走不到二百里，到达羯若鞠阇国，意译曲女城国，位于中印度恒河与卡里河合流处，便是印度有名的古都。此国周围四千余里，都城西面临近恒河，长二十余里，宽四五里，寺院一百余所，僧徒万余人，大小二乘兼攻学习。

玄奘途经该国时，适值雄姿英发的戒日王称盟印度、崇奉佛教的鼎盛时期。戒日王的父兄为金耳国设赏迦王诱杀，戒日王受菩萨指点，最终报仇雪耻，于是兴建诸多佛寺。每岁三七日遍供众僧，五年一开无遮大会，借以弘扬佛法。玄奘受拘摩罗王的邀请，从摩揭陀国前往迦摩缕波国，在羯朱嗢祇逻国受到戒日王的接见，见面寒暄一番。

戒日王问："法师从哪个国家而来，将有啥打算？"

玄奘回答："从大唐而来，西行的目的请求佛法。"

戒日王问："大唐在何方？经途所亘，去斯远近？"

玄奘回答："在该地东北数万余里，就是印度人所称的摩诃至那国。"

戒日王说："尝闻摩诃至那国有秦王天子，少而灵鉴，长而神武。昔先代丧乱，率土分崩，兵戈竞起，群生荼毒，而秦王天子早怀远略，兴大慈悲，拯济含识，平定海内，风教遐被，德泽远洽，殊方异域，慕化称臣。氓庶荷其亭育，咸歌《秦王破阵乐》。闻其雅颂，于兹久矣。盛德之誉，诚有之乎？大唐国者，岂此是耶？"

玄奘回答说："是的，至那者，前王之国号；大唐者，我君之国称。昔未袭位，谓之秦王，今已承统，称曰天子。前代运终，群生无主，兵戈乱起，残害生灵。秦王天纵含弘，心发慈愍，威风鼓扇，群凶殄灭，八方静谧，万国朝贡。爱育四生，敬崇三宝，薄赋敛，省刑罚，而国用有余，氓俗无宄，风猷大化，难以备举。"

戒日王赞叹说："盛哉！彼土群生，福感圣主！"

后来戒日王在恒河西岸的大花林中为玄奘举行了法会，当时有二十多位国王奉了戒日王之命,各自率领本国杰出的僧侣及婆罗门、官员和士兵等前来参加法会,盛况空前。戒日王命人在恒河西岸修建了一座大寺院。寺院东边筑起一个宝台,高达一百多尺,宝台上供奉着金身佛像,大小与戒日王等同。宝台南边又筑起宝坛,是专供浴佛的地方。从这里往东北十四五里,另外又建起行宫。

玄奘进入羯若鞠阇国后,在跋达罗毗诃罗寺居住了三个月,依毗离耶犀那三藏受学《佛使毗婆沙》《日胄毗婆沙》等。随后,离开这里,东南行六百余里,渡过宽三四里的恒河,来到阿瑜陀国。大城西南五六里有无著菩萨说法处。无著菩萨是犍陀罗国人,在佛灭度一千年后诞生,承风悟道,从弥沙塞部出家修行,后转而信奉大乘教。其弟世亲菩萨于说一切有部出家修行,后来也转奉大乘教。兄弟二人,称为印度佛界宗匠,著作甚丰,对后世大乘佛法的弘传起到极大的促进作用。凡研习大小乘学的僧伽均以他们兄弟二人的著述作为蓝本,连当时的外道也对他们二人敬佩有加。他们的论著与注释的典籍甚多,奠定了大乘佛教唯识瑜伽行派的教理基础。

玄奘在阿瑜陀国巡礼完佛迹后,便与八十余人,乘船顺着恒河东行,向阿耶穆佉国(今阿拉哈巴德西北方的地方)挺进。途中,有一个玄奘度化劫匪的传说,在这里呈给读者。

大船河中游,巍巍青山两岸走。船行一路,唯见两岸的阿瑜陀林,葱葱郁郁,幽深一片。行驶了一百余里,忽然两岸各有十余艘贼船,从密林中鼓棹逆流而出。玄奘所乘之船上的人,顿时慌乱成一团,好几名胆小如鼠的客商,甚至吓得跳河逃命。二十余艘贼船眨眼间就团团围住大船,有几个强盗跳上大船,把船逼停至岸边。不容玄奘等人过多思索,强盗们驱刀将船上的所有乘客赶上岸边的森林里,令八十余名旅客脱掉衣服,开始动手搜索随身携带的珍宝等财物。

原来这伙强盗一向信奉突迦天神,并不是专门持刀劫船谋财害命,每年秋天都要寻一个形貌端美的人,作为祭祀的牺牲品,以祈求天神的福佑。今见玄奘生的仪态端庄、体格壮美，正符合祭祀天神的要求。于是，强盗们相视一笑，说："眼看着秋祭之期即将过去，我们正为找不到合适的人选而发愁，这个沙门生得相貌端庄，充当牺牲岂不是大吉大利！"不容分说，绑了玄奘，叫叫嚷嚷着要拿他来做祭品。

面对杀气腾腾的强盗，玄奘临危不惧，面色镇定平静，婉转地对强盗解释道："以贫僧这具秽陋之身充当祭品，实不该吝惜。只是此次远道而来，意欲求法取经、参拜佛迹，流传东土，此愿望尚未实现就被你们杀戮，恐怕对你们来说也并非吉祥之事。"

闻听此言，同船被绑的其他旅客一起跪下，请求强盗们饶过玄奘性命，甚至还有人甘愿用自己的身体来代替玄奘充当祭品，强盗概不允许。紧接着，强盗首领命人在森林中砍倒一片树木，腾出一块空地来，然后打来河水，和泥涂抹，不大工夫，便筑起一座高高的祭台。然后，两名强盗手持钢刀，胁迫玄奘走上高筑的祭台，准备动刀。面对即将划过脖颈的刀光，玄奘面无惧色，镇定的神色，令强盗大为惊诧。

玄奘自知今日难免一死，便从容不迫地对强盗说："别无他求，希望给我片刻的时间，不要相逼甚急，让我安心欢喜地取灭！"玄奘说罢，便盘腿闭目静坐，一心想着慈悲菩萨，不留一点杂念。在命悬一线之际，同船乘客眼看着玄奘即将受难，只有同时号啕大哭来唤醒强盗未泯的良知。

玄奘祈祷入定，恍恍惚惚间，忽听到祭台下群贼的喧嚷声。刹那间，黑风骤起，狂飙所到之处，拔树飞沙，同时河流浊浪排空，吞噬着河面上所有的舟楫，群贼都大惊失色，高声问玄奘同伴道："这法师从何而来，叫什么名字？"

同伴齐声答道："他就是从东土大唐而来的玄奘法师，各位如果把他杀掉，必为佛所不容而遭天谴。难道你们没看见风折树木、浪翻舟楫的情景吗？定是天神震怒，应当从速忏悔为妙。"

群贼闻言，一起面向祭台上的玄奘跪下，悔过谢罪，稽首皈依。祭台上仍闭目不语的玄奘，对群贼态度的转折，竟浑然不觉。强盗首领只得走上祭台，用手轻轻碰他。玄奘方才如梦初醒般睁开眼睛，问："祭祀的时间到了吗？"

众贼齐声说："我们不敢杀害法师，特来忏悔。"

玄奘宽宏大量地接受了他们的忏悔，并当场为他们讲法，说："杀盗邪祠诸不善业，未来当受无间之苦，何为电光朝露少时之身，作阿僧企耶长时苦种？"

众贼听后，大为感动，向玄奘叩头谢罪说："我们作恶多端，行为颠倒。今日有幸遇上法师福德，感动了冥冥神灵，才听到这番教诲。从今日开始，洗手归正，愿法师证明。"

于是，相互劝告，收拢他们的器械，统统投进恒河里，给捆绑的旅客一一解开绳索，把抢劫来的衣物全部归还失主，并请玄奘为他们受戒，欢喜顶礼而别。霎时间，风平浪静，似乎一切都已经过去。

第十五章 · —— 巡礼圣迹

在恒河岸边的森林中遭遇的故事，据说是玄奘西行途中最危险的一场劫难，他的生命险些丧失在前往那烂陀寺的途中。化险为夷后，玄奘又东行三百多里，渡过恒河，北至阿耶穆佉国。距大都城东南不远的恒河岸边，有一座佛塔，为无忧王所建，佛塔高达二百多尺，据说释迦牟尼曾在此说法三个月。旁边还有过去四佛的法座和经行场所的遗迹。还有一座青石砌成的佛塔，里面供奉着释迦牟尼的头发、指甲等圣物。塔旁一座寺院里有僧人二百余名，佛像装饰精美，威仪庄严，栩栩如生。

从此东南行七百余里，又渡恒河、南阎牟那河（印度五大河流之一），经钵逻耶迦国（该国位于恒河、阎牟那河与地下的色罗斯瓦底河三河交汇处，为印度有名的佛教圣地）。在三河交汇的沙滩上，是戒日王每五年举行一次无遮大会的大施场，方圆十四五里，碧草如茵。公元 643 年，玄奘也在这里参加第六次无遮大施会，载入印度史册。

玄奘一行向西南进入大森林，气候炎热，经常有野兽出没，林中成群结队的大象经常攻击过往的旅客，如果没有多人结伴而行，是难以通过的。所幸，有惊无险，他们在丛林中穿行了五百余里，没有遇到象群，就到达了憍赏弥国（古印度十六大国之一）。这里设有饭净王（释迦牟尼父亲）的正殿，里面有僧园及释迦牟尼诞生处等古迹。时过境迁，玄奘到达时，已经荒凉得不堪入目。

自此北行一百七八十里，至鞞索迦国（中印度境内）。该国有寺院二十多所，僧人三千余名，都信奉小乘教，释迦牟尼曾在此说法六年，又是护法菩萨七日内挫败一百多位小乘论师的地方。离开鞞索迦国，东北行五百余里，经室罗伐悉底国（旧称舍卫，在今尼泊尔和印度的边境一带），该国周围六千余里，释迦牟尼在世时为钵逻犀那恃多王所建立的国都，距离不远处有故基，基上建有小佛塔，是胜军王为释迦牟尼建造的大讲堂。距讲堂不远处有一座佛塔，是佛姨母钵逻阇钵底比丘尼的精舍。都城南五六里处有逝多林，唐土称胜林，昔为大寺，现已荒废。东门左右各建一石柱，高七十余尺，左柱雕有佛的轮相，右柱顶端刻有牛形，都为无忧王所建。大寺中室宇倾圮，唯有一砖室岿然独存，中有佛像，昔释迦牟尼去三十三天为母说法之后，胜军王心生羡慕，刻檀木佛像，在此供奉。寺东面百余步有一个大深坑，传闻是想用毒药加害于佛提婆达多生身入地狱处。其南面还有一个大坑，传说是毁谤释迦牟尼瞿伽梨苾刍的生身入地狱处。瞿伽梨陷坑南八百余步，亦有一个大深坑，是毁谤释迦牟尼战遮婆罗门女人的生身陷入地狱处。凡此三坑，都深不见底，秋夏霖雨，沟池泛滥，而此深坑尝无水止。附近圣迹星罗棋布，玄奘一一巡礼。

　　巡礼完毕，玄奘从此东南行五百余里，至劫比罗伐率堵国（又作迦毗罗卫国，是释迦如来降生之地，净饭王所治之境）。这里是佛的故乡，释迦牟尼出家前就是该国的净饭王子。周围四千余里，野草疯长，荒芜不堪。其宫城周围十四五里，叠砖而成，内有故基，为净饭王的正殿，上建精舍。其侧不远处有精舍，是释迦菩萨降神母胎处，内有菩萨降神之像。城南门有率堵波，是太子与诸释角力掷象之处。城东南隅有一精舍，舍内有太子乘白马凌虚之像，是太子乘马逾城处，又城四门外各有精舍，见老、病、死人、沙门之像，是太子游观，厌倦尘俗回驾处。

玄奘怀着虔诚之心到达这座古城时，昔日的荣光不复存焉，一切成为历史长河中的过往云烟，半堵写满风雨沧桑的残墙，印证着当年的豪气和荣光。举目望去，只剩下一座空城，都城倒塌，荒芜久远，路上常有白象、狮子出没伤及过往行人。

从此东行旷野荒林中二百余里，至蓝摩国，该国空荒岁久，疆界无纪，城邑丘墟，居人稀旷。在故城东南，有一座佛塔，高不足百尺。从前如来入寂后，此国先王分得舍利，持归本国，遂建造此塔，传说以后神光不时映现。

再东行一百八九十里，出荒林，玄奘一行到达拘尸那揭罗国（又称拘尸城，意思是茅城，位于现今印度北方邦戈勒克布尔镇卡西亚村，相传释迦牟尼在此间涅槃）时，此国已成为荒城。西北三四里渡过阿恃多伐底河，河西岸不远到达娑罗林，其树似槲，皮青叶白，四树齐高，光润可爱，即释迦牟尼寂灭之处。现建有大涅槃寺，供奉着释迦牟尼侧身躺卧的涅槃像。旁边有一座大塔，塔基虽倾斜，塔高达二百余尺，为无忧王所建。前立石柱，以记释迦牟尼涅槃之事，虽有文记，不书日月。相传，佛在八十岁时，于吠舍佉月后半十五日涅槃；说一切有部则佛以九月八日涅槃。自佛涅槃至玄奘到时，各部说法不一，有人说一千二百余年，有人说一千三百余年，有人说一千五百余年，甚至还有人说已超过九百年，但不到一千年。除大塔外，还建有许多小塔，纪念着释迦坐金棺为母说法、出臂问阿难（释迦十大弟子之一，也是他的堂弟）、现足示迦叶、香木焚身、八王分骨等典故。

继续沿着大林中前行五百多里，玄奘至婆罗痆斯国（此国即古代的迦尸国，为古印度十六大国之一，该国国都为佛陀初转法轮之处，在中印度境内），周围四千余里，都城西临恒河，有寺院三十余所，僧伽三千余人。渡过婆罗痆河东北行十余里，至鹿野寺，观台连云，长廊四合，僧伽一千五百余人。精舍东南有一座石塔，为无忧王所建，塔基虽然倾陷，还高达百尺有余，是佛初转法轮处。其侧不远处，有弥勒菩萨受记处。受记处南边不远，有过去四佛经行遗迹，长五十余步，高达七尺，以青石积成，上作释迦经行之像。寺西有释迦沐浴池，面积方圆二百余步，除此之外，又有涤器池、浣衣池。池侧有塔，佛修菩萨行时为六牙象王施猎狮牙处。

除此之外，这里还有许多佛迹，玄奘一一顶礼膜拜，其身心得到极大的满足。在鹿野苑徘徊凭吊了许久，还参礼了其他诸多圣迹，才离开此地。玄奘一行沿着恒河顺流而下，东行三百多里，抵达战主国（据考证，该国都城在今印度的迦齐浦耳，在瓦腊纳西以东五十英里的恒河北岸）。该国有寺院十余所，僧伽不足千人，都信奉小乘教法，天祠二十所，各派外道混杂其中。在此做短暂停留后，又东北渡过恒河支流，前行一百四十五里，至吠舍厘国（今印度比哈尔邦木札伐浦尔县的巴莎尔村，为维摩大士居住地，佛灭一百年后七百贤圣第二结集之处，同时也是印度耆那教的圣地）。此国周围五千余里，土地肥沃，花果茂盛。玄奘到达时此城已倾颓坍塌，宫城周围四五里，居住的百姓稀少。西北五六里处有一座寺庙，是释迦昔日说《毗摩罗诘经》的地方。寺庙的东北三四里处还有一塔，是毗摩罗诘的故居。离这里不远，有一神舍，传云积石，是毗摩罗诘居士称病而现身说法之处。去此不远有宝积故宅，亦有庵摩罗女故宅，佛姨母等比丘尼在此涅槃。寺庙北面三四里有一塔，是释迦将往拘尸那国涅槃时，人与非人在此伫立处。其南不远有一所精舍，前面佛塔，本是庵没罗女园，后施舍于佛。

从这里往东北前行五百余里，至弗栗恃国（大体在今达尔般迦北部），该国方圆四千余里，国土狭长，东西宽，南北窄。寺院有十多所，僧伽不足千人，研习大小乘教。从这里向西北前行一千四五百里，翻山越岭，进入深谷，到达被雪山环抱的尼波罗国（今尼泊尔加德满都谷地）。其大都城周围二十多里，寺院、天祠鳞次栉比，有僧伽两千多人，大小乘教，兼攻综习。外道异教圣徒，数目不详。都城南面有一个小水池，将百姓所用的火投进去，水上立即燃起火焰；再投入别的东西，也会燃烧起来。

历经五年的艰苦跋涉，玄奘终于来到了摩揭陀国著名的佛寺——那烂陀寺。

第十六章 · ———— 摩揭陀国

又向南渡过恒河，历经千难万险九死一生的玄奘，终于踏上了魂牵梦萦的天竺最著名的那烂陀寺所在的摩揭陀国（今印度比哈尔邦巴特那一带）。摩揭陀国是古印度十六大国之一，其领域相当于今印度比哈尔邦的巴特那和加雅两地。此国在公元前7世纪中叶，有沙依苏那加王朝兴起，都于王舍城，后迁到华氏城。主要经历了童龙王朝、孔雀王朝、巽伽王朝、甘婆王朝和笈多王朝，自5世纪中叶以后逐渐衰微，其领土仅限于摩揭陀地方，至公元8世纪被孟加拉国的波罗王朝所取代。其历史上一些著名国王，如频毗娑罗王、无忧王对保护和弘扬佛教事业做出了杰出贡献。

佛陀一生大部分时间都在该国度过，故在国都王舍城附近集中了很多有关释迦的佛迹。这里有阿育王塔、佛足石、鸡园寺址、提婆及马鸣降伏外道的旧迹、频婆娑罗王末孙建立的鞮罗释迦伽蓝、佛陀入定的大山、德慧及戒贤降伏外道的遗迹、伽耶城附近的前正觉山、菩提树、金刚座、魔王娆佛处、三迦叶归佛处、摩诃菩提伽蓝、梵天劝请处、舍利弗开悟处、目犍连故里、大迦叶入定地（鸡足山）及那烂陀寺。等释迦涅槃后，佛教徒的四次结集中，第一次的王舍城结集和第三次的华氏城结集，都在摩揭陀国内举行。所以摩揭陀国一直被奉为佛教圣地。

该国周围五千余里，物阜民丰，历史悠久，圣迹昌盛，居民崇重志学，尊敬佛法。国内有寺庙五十多座，僧伽过万，并大多信奉大乘佛教。另外，还有几十座天祠，外道井然。恒河南面有一座方圆七十余里的故城，是专门为无忧王修建的故城遗址，荒芜已久。位居恒河北面的故宫，有一根石柱高达数十尺，是无忧王作地狱处。地狱南面有一塔，无忧王用人工劳力修建的宫殿，是八万四千座塔中的一座。据言，塔中有释迦舍利一升，灵光缥缈。侧面不远有精舍，中有释迦所履石，石上有释迦双迹，长达一尺八，光六寸，两迹下俱轮相，十指都带花纹，鱼形映起，光明时照，是释迦即将涅槃时所踩的石头。当时他北去拘尸那城，南往摩揭陀国，曾对阿难说："此处是我光顾王舍城时留下的最后足迹。"精舍旁侧不远，有一根高达三十多尺的大石柱，铭文残缺，大意说无忧王对佛教的信仰坚贞牢固，三次以赡部洲施舍佛、法、僧，三次以诸珍宝酬赎。城南有屈屈吒阿滥摩寺（唐土称鸡园），为无忧王所造，召集千多名僧伽，四事供养处。

由于摩揭陀国的传说和佛迹众多，玄奘在此停留了七日，怀着虔诚之心一一巡礼参拜。

随后，又向西南方向前行六七日，到达底罗磔迦寺。寺内有三藏几十人，闻知玄奘法师到来的消息后，都走出寺庙前来迎接。又沿着西南方向前行一百多里到达佛成正觉的菩提树，树垣垒砖，崇峻险固，东西长，南北狭，周围五百余步。正门东对着尼连禅河，南门连结着大花池，西带极固，北门直通大寺，其内众多的圣迹相连着，或佛塔、精舍，均由赡部洲诸国君王、大臣、豪族、居士慕圣营造，用以旌记。正中建有一座金刚座，岿然坚固，降魔成道，必居于此。大地震动时，唯独此金刚座没有发生摇动而倾斜。年深日久，沙土弥覆，无复得见。佛涅槃后，诸国君王根据传说中金刚座的规格，以两躯观自在菩萨像南北标界，东向而坐。

菩提树即毕钵罗树，佛在世时高达数百尺，以后屡次被恶王诛伐，犹高四五丈，佛坐其下，成无上等觉，因谓之菩提树。树茎黄白，枝叶清润，秋冬不凋，唯至如来涅槃日，树叶顿凋，经宿还生如本。此日每至，诸国君王，及数千万众人，齐集树下，以乳灌洗，于是奏音乐，列香花，燃灯散华，收叶归去。

久而久之，每逢释迦的涅槃之日，人们都会自觉地在菩提树下举行祈福仪式、放生活动，祈求平安吉祥，从未间断。

当三十二岁的玄奘来到菩提树下进行朝拜时，原本高达几百尺的菩提树，被崇信外道的人砍伐的仅剩下五丈高，枝叶凋敝，再也不复当年葳蕤繁茂的盛景，而菩提树下的观音菩萨像已入土半身，身上满是斧凿刀砍的痕迹。看到此景，玄奘悲从中来，他为无福亲耳聆听佛祖的教诲而懊恼，又为佛教沦入末路而悲伤。一路强忍悲痛西行的玄奘，情绪瞬间失控，整个人扑到地上，自伤自叹道："昔日佛成道时，玄奘渺躯不知道漂沦何处？今佛法已沦末世，我才从万里外的东土大唐跋涉而来，可见我玄奘的业障是何其深重啊！"悲泪盈目，情难自抑。

时值众僧解夏，远近前来观看的有几千人，观者无不被玄奘的虔诚之举而感动，唏嘘不已，掩面而泣。他在此停留八九日，巡礼鸡足、王舍、灵山等圣迹，然后向那烂陀寺进发。

第十七章

——

那烂陀寺

第十日一早，那烂陀寺的主持正法藏戒贤法师闻讯东土大唐高僧玄奘已抵达金刚座的消息后，喜悦之情溢于言表，马上推荐四位高僧大德到玄奘居住的菩提迦耶的精舍外迎接，引领玄奘到七八里外的一处庄园里住下。玄奘一行刚吃完庄园主备下丰盛的斋饭和水果，那烂陀寺派来第二拨浩浩荡荡的迎接队伍又至。这支迎接队伍阵容十分庞大，由两百名僧人和上千名那烂陀寺的施主组成，捧着华盖鲜花，在众人的簇拥和施主的赞美声中，玄奘步入仰慕已久的那烂陀寺（今印度拉查基尔北方约十一公里处之巴达加欧）。

　　寺内苍翠的树木，华盖般的绿荫笼罩着一路，玄奘在众僧的簇拥下，步入僧众云集的佛学殿堂。玄奘怀着激动的心情打量着四周的景物，眼睛流露出喜悦的光芒。只见一间间以红砖建筑的僧舍、教室，以及宽广平整的校区，远处林立的佛塔与树木相映成趣，身披僧袍、手持经卷的学僧穿梭往来，一切的一切，都令玄奘目不暇接。

　　时间定格在唐贞观五年（公元631年）十月初，凭借对佛法的敬仰之心，加上身体力行的践行精神，玄奘历经无数次劫难，终于到达了西行求法的目的地——那烂陀寺。四年前，一位名叫波罗颇伽罗密多罗的中印度学者为迷惘的玄奘点燃一烛微亮，而那烂陀寺犹如黑夜中的一束光芒，引领着他矢志西行。自从在长安首次听说那烂陀寺，到亲临其境，时间不足五年，但五年来玄奘所经历的种种遭遇，种种磨难，其艰难困苦，可谓九死一生。现在，他的双脚终于踏在这方圣土上。

为迎接来自东土大唐的玄奘法师，那烂陀寺举行了隆重的欢迎仪式。整个寺院的僧人齐集在一起，玄奘与他们逐一相见，致以礼仪。鼓声、音乐声响彻云霄，昭示一个大唐高僧的到来。另外在上座安置了一张床，供玄奘坐，徒众亦坐。待大家都坐定，寺僧击过犍椎（即响木），主持当众宣布说："即日起，请玄奘入住该寺，寺内一切僧徒所使用的佛具、道具玄奘均可享受使用。"

然后，那烂陀寺选派二十位通晓经律、仪容端庄的青年僧侣，簇拥着玄奘，按照寺内的规矩，去参谒他梦寐以求的住持戒贤法师。此时，戒贤法师已经一百零六岁，被尊称为"正法藏"，是当时大乘佛教的权威。他出身于东印度三摩呾吒国的王族，属于婆罗门种姓，但一直献身于佛法，德行高尚，长期住持那烂陀寺俗务，弘传唯识教义，闻名于世，并获得国王的嘉赏，舍百余邑来供奉该寺。

按照天竺的礼节，玄奘的拜师仪式非常隆重。玄奘恭敬地走到戒贤法师的面前，以手肘和足膝着地，向前匍匐而行，边磕头边行至戒贤法师的近前，头顶着戒贤法师的脚施礼。礼毕，戒贤当即命坐。玄奘才得以瞻仰戒贤法师的容颜：戒贤法师已近暮年，身披一件宽大的黄色法袍，手里拿着一串黑色念珠，赤脚坐在草席上，炯炯有神的目光中，投射出无边的智慧。

戒贤法师客气地问道："法师从何而来？"

玄奘恭敬地回答："弟子玄奘从东土大唐而来，想要随法师学习《瑜伽论》，以便在东土弘扬佛法。"

戒贤法师听后，不觉间老泪纵横，即唤弟子佛陀跋陀罗（华言觉贤）来前。他是戒贤法师的侄儿，年逾七十，在那烂陀寺中，以博通经论、能言善辩而著称。说到这里，就涉及戒贤法师一个梦境的传说。戒贤法师要他当众讲述三年前患病的烦恼与三年前梦境的经过。

觉贤听后，当下泪流满面地哽咽着讲述道："戒贤法师一直患有风湿症，每每发作时全身关节像火烧刀割一样疼痛难忍，有时还手脚抽筋，吃药只能缓解一时，不久又会发作，这种病症足足折磨了他二十余年。三年前，疼痛加剧，法师打算用绝食的方式来结束自己的生命。一天夜里，梦见三位菩萨托梦给他，一人为金黄色，一人为碧绿色，一人为银白色，来者行貌端正，仪服轻明，对戒贤说：'佛并不鼓励世人靠自杀来逃避苦难。你前世是一个国王，给老百姓带来诸多扰害和苦难，才招来如此报应。现在你应该好好反省过去的业力，虔诚忏悔，宣扬佛法，来减轻痛苦。'同时还告诉他，有个东土高僧前来印度，跟随他学习佛法，希望戒贤法师认真教诲。"

　　这个梦境给戒贤法师带来极大的信心，他听从菩萨的教诲，一边忍受着病情的折磨，一边身体力行地弘扬佛法，耐心等待那位东土大唐高僧的到来。渐渐地，他发现自己的风湿病减缓了许多。今天，当戒贤法师问及玄奘因何来印度时，玄奘告诉他是为了学习《瑜伽论》而来。戒贤法师惊叹于佛法的玄妙，印证了三年前的梦境，突然情绪失控，号啕大哭起来。他意识到病情的缓解，与这个不远万里而来的东土大唐高僧有关，都是出自佛祖冥冥中的安排。

　　众僧听觉贤法师讲完，无不叹为罕有。玄奘知道菩萨要自己承受正法，更加悲喜交集，再次施礼感谢，说："倘若所言，玄奘当竭力心智来学好《瑜伽论》。愿师傅慈悲为怀，传授教诲。"

　　戒贤法师又问道："法师在路上跋涉了几年？"

　　玄奘回答："三年。"

　　这正好与戒贤法师梦中的时间相吻合，使玄奘深感宽慰，向戒贤法师重申了师徒之情。

　　于是，玄奘在那烂陀寺受到特殊的礼遇，被安排到幼日王院觉贤房的第四重阁里安歇。七日供养完毕，便安置于护法菩萨房北的上房居住。每日另外供给：瞻步罗果一百二十枚，槟榔子二十颗，豆蔻二十颗，龙脑香一两，供大人米一升（其米大于乌豆，味美香鲜，非余米所能及，唯摩揭陀国产此，独供国王及多闻大德使用，故名大人米）。又月供油三升，酥乳等均随日取足。又派净信居士一人、婆罗门一人以供差遣。玄奘本人则免除一切僧务，出门舆乘代步。那烂陀寺主客僧超过万名，享受如此待遇的，加上玄奘法师仅仅十人而已。

宛如一朵美丽的莲花，那烂陀寺盛开在巴特那县内王舍城西北七英里处的巴罗贡村。那烂陀寺，又名施无厌寺。故老相传，得名的由来有两种说法，一种相传寺中南巷庵没罗园中有一处水潭，潭中有一条名叫那烂陀的龙，建寺时以此为名；另一种说法，是如来往昔行菩萨道时，为大国王在此建都，怜愍孤穷，常行惠舍，人念其恩，故号其处为"施无厌"。此地本为庵没罗园，五百商人以十亿金钱买以施佛。佛于此处三月说法，诸商人等亦证圣果。佛涅槃后不久，国王烁迦罗阿迭多敬重佛法，崇敬三宝，占卜福地，建造此寺。后其子佛陀鞠多王继位，又在寺南另外建造一座寺院。咀他揭多王接掌后，又在寺东扩建。至曾孙婆罗阿迭多即位，又在他父王扩建的殿宇以东，大兴土木，另筑寺院。落成当天看到有圣僧从东土大唐远道而来接受应供，心生欢喜，便舍位出家。他的儿子伐阇罗王继位后，于新建梵刹北边再建寺院。后来中印度有一个国王又在寺边加盖一座寺院。前后总共六个国王，都曾加以扩建。各自营造六座寺院浑然一体，气势非凡。后来将六寺合而为一，并增建一座巍峨堂皇的山门，中分八院，庭院仍各自独立。

整座寺院呈正方形，四面直檐，长廊环绕。围墙内宝台星列，琼楼玉宇，非常壮观。外壁以砖石建成，高三四丈，上塑人头雕像。僧室为砖房，重叠三层。每房方丈许，后面通窗，前户洞辟，互视检察，不许安帘。寺院四角各建有砖堂，供大德们居住。各院的僧房都是四重，雕梁画栋，在印度千万寺院中，因壮丽宏伟堪称第一。

不过，那烂陀寺之所以能跻身于佛学界最高学府，且人才及学风，都可谓空前绝后，除了宏大的建筑规模和技艺超群的建筑造诣外，更得益于其藏经的浩瀚和学术水平的高度。

那烂陀寺建有三座藏经阁，名曰：宝云、宝海和宝洋。藏有各种佛教典籍、婆罗门最古老的佛教经典高达九百万卷，以及各种天文、地理、医药、技艺等门类的书籍。作为佛教的中心，这里云集着印度乃至全世界的高僧大德。寺内常住僧侣有四千余人，加上客居的僧人、平民，及其他异教徒，总人数常达万人，教师达一千五百名，精通三藏的可达一千多人。

寺内僧人主要研究大乘佛教，也有兼修小乘佛教。在大乘佛教中，占统治地位的是以戒贤法师为代表的瑜伽宗，即大乘有宗。此外，僧人还研习佛教以外的"俗典"，如以吠陀、因明、声明、医方、术数等为代表。那烂陀寺每天设有一百多个讲坛，学习课程包括大乘佛典、天文学、数学、医药等。

僧人的日常生活来源于当地国王向所属二百个村镇支差。每天供奉粳米、酥乳几百石，使学人得以安心研究，潜心学问，遂学术异常发达。许多来自世界各地的留学生齐聚一堂，僧侣穿行如梭。那烂陀培养了大量的佛学家，印度的大多大学者都出于此寺，例如：龙树、无著、世亲、陈那、法称和莲花生等法师。

在那烂陀寺东面五十里处，有一座专门招收中国僧侣的汉寺，这足以说明曾有很多中国及东南亚诸国的留学僧在此进修，如我国的玄奘、义净、荆州道琳、太州玄照、并州道生、洛阳智弘及新罗之慧业、阿离耶跋摩等人皆曾来此就学。当时有印度来华之波罗颇迦罗密多罗、地婆诃罗、善无畏、金刚智、般剌若等诸师亦曾修学于本寺。

宏伟的那烂陀寺系公元 5 至 12 世纪间，印度佛教最重要的教育及研究中心，也是世界教育史上最具影响力的教育机构。

好景不长，公元 13 世纪前后，那烂陀寺在战火的肆虐下以及其他暴力的袭击下，寺内众僧大量逃亡国外，那烂陀寺的辉煌就此消逝。以后曾一度有所复苏，但不久又遭毁灭，那烂陀寺的辉煌终湮灭于荒烟蔓草之中。当然，这是以后的历史了。

在那烂陀寺安置下来的玄奘，首先到王舍城西南的佛陀加雅一带做短期旅行，巡礼圣迹。王舍旧城又名矩奢揭罗补罗城（又为上茅宫城，因出产上好的香茅而得名），城处摩揭陀国正中，古先君王的都城。四面环山，陡峭如削，西通峡径，北辟山门。其城东西长，南北狭，周围一百五十多里。内城遗址周围三十多里。宫城北门外有一塔，是提婆达多与未生怨王放护财醉象欲害佛处。东北有一塔，是舍利子闻阿湿婆恃比丘说法证果处。北边不远，有一个大深坑，是室利鞠多以火坑、毒饭欲害佛处。火坑东北方向的山城之曲，也有一塔，是时缚迦大医于此为佛建说法堂处，其旁复有时缚迦故宅，余基旧井，墟坎犹存。

沿宫城向东北前行十四五里，至姞栗陀罗矩吒山，这便是佛教历史上著名的圣地——鹫峰，又叫灵山。靠北山的南面，此山拔地而起，显得突兀而峻拔，四周群山环绕，蓝天与翠树相映，浓度分色，因山顶上栖息着数量很多的鹫鸟而得名。释迦御世五十年，多居在此山，说《法华》《大般若》等无量众经。峰顶东西长、南北狭，由几块巨石叠加而成，西面靠近悬崖的地方，还能看出精舍的遗址。玄奘看到释迦说法等身之像，便纳首而拜。玄奘徘徊在释迦的佛像前，心潮翻滚，情难自已，百感交集。在灵鹫山，流着眼泪诵读《楞严经》，露宿一夜。

第十八章 ·————

开讲《瑜伽论》

从灵鹫山下来，玄奘回到上茅宫城（旧王舍城），休息一天后，又出山城的北门向前行走一里多地，到达迦兰陀竹园。园内现有精舍，石基砖室，门朝东开，释迦在世时曾在此居住过多年，制定了诸多戒律。竹园东面有一座塔，为阿阇多设咄路王（即未生怨王）所建。释迦涅槃后，诸王共分舍利，未生怨王得道后，便建造此塔供奉舍利。无忧王萌发信仰之心后，开塔取出舍利，尚有剩余，传说有时会放出佛光。

沿着竹林园的西南前行五六里路，南山北面的大竹林中，有一个大石室，是释迦涅槃后，尊者摩诃迦叶波在此与九百九十九大阿罗汉结集三藏处。阿难为大家朗诵一切经义，优波离朗诵一切戒律，迦叶波为大家朗诵一切论议，大家在贝叶上恭敬地记录下来，便于流通。因为迦叶波是一位高僧大德，另外，其他参与者又都是德高望重者，故名上座结集。

从大迦叶结集地向西行走二十多里，有一座塔，为无忧王所建，即大众部结集处。此部主张戒律可以方便开禁，取得大多数僧众的支持，故名大众部。从迦兰陀池向西北行走二三里，有一座塔，也是无忧王所建，塔高达六十多尺，旁边有一根石柱，铭刻着立塔等诸事，高达五十余尺，上面铭刻着象形文字。离石柱东北不远处，至曷罗阇姞利呬多城（即王舍城，指王舍新城），外郭已损坏，内城犹险峻。周围二十多里面有一门。起初，频毗婆罗王居上茅宫时，百姓住宅相对稠密，居室鳞次栉比，频频遭受火灾的侵袭，一家纵逸，四邻受到殃及，于是制订严令，倘若有不慎失火者，被勒令迁往寒林，以儆效尤。顷刻间，王宫率先失火，对诸臣曰："我为人王，自犯不行，无以惩下，何以服众？"于是命令太子留守，率眷属徙往寒林。时吠舍厘王闻频毗婆罗王迁居城外，想简兵袭之，被候望者发觉而奏报无忧王，于是筑邑自卫，因为无忧王先在此建造房舍，故名王舍城。后来阇王继位，即于此为都。等无忧王迁都至波吒厘城，以王舍城施给婆罗门。玄奘到达此地时，城中无杂民，唯婆罗门千余家。宫城西南有两座塔，诸国客僧往来于此，是释迦昔日说法之处。再往西北行有一座塔，是殊底色迦的出生地。城南门外，路左边有一座塔，释迦在此说法并度化了罗怙罗。

那烂陀寺西边不远处有一座精舍，高达三百多尺，为婆罗阿迭多王所建，庄严度量及佛像，与菩提树下的大精舍雷同，释迦曾在此居住过三个月，为诸天、人广说妙法。往东二百多步处，立有一座铜质佛像，高达八十多尺，重阁六层，乃得弥覆，是满胄王所建。东行三四里，有塔群，是频毗婆罗王与其国内诸婆罗门、长者、居士成千上万之众，出城奉迎佛处。迎佛东南二十多里，到达迦罗臂拿迦邑中，也有塔群，为无忧王所建，是尊者舍利子本生故里。往东行三十多里，到达因陀罗势罗窭诃山，东峰有一座塔，相传其中僧众，于夜半时分，望见西峰石室佛像前，每有灯炬荧荧。

此山东北方向一百五六十里，便是迦布德迦，寺中有二百多名僧众，修习说一切有部。寺南面二三里到达孤山，山上建多座精舍寺庙，穷极剞劂之工，正中精神有观自在菩萨像，躯量尚小，威神感肃，手执莲花，顶戴佛像。

满怀虔诚之心，玄奘对王舍城周边圣迹，一一膜拜巡礼之后，便返回了那烂陀寺，静心跟从戒贤法师受学《瑜伽论》。戒贤法师因年事已高，体弱多病，许多年都不说法了。特破例为玄奘开讲，同听者数千人，前后共用十五个月才讲完。

玄奘在那烂陀寺中潜心学习了五年，共计听取《瑜伽论》三遍，《顺正理论》一遍，《显扬论》《对法论》各一遍，《因明论》《集量论》等论各两遍，《中论》《百论》二论各三遍。诸如《俱舍论》《婆沙论》《六足论》《阿毗昙论》已曾于迦湿弥罗诸国听讫，在此仅仅解决疑义而已。并着重钻研《瑜伽师地论》，兼学梵书《声明记论》，不仅如此，他还专心于古印度的逻辑学和语言学，对于佛教界通用语梵文，更是废寝忘食地研习，为他日后译经夯实了基础。

在法流上，那烂陀寺属于大乘唯识系统，但那烂陀寺学风开明，除了教授唯识系统的知识外，对大乘中观系统、小乘各派乃至外道的各种学问均有所涉猎，以严谨开放的学术态度，使玄奘很快成为一位学问高深的法师。玄奘具体描述了它昌明发达的佛教学术事业：

> 请益谈玄，渴日不足，夙夜警诫，少长相成，其有不谈三藏幽旨者，则形影自愧矣。故异域学人，欲驰声闻，咸来稽疑，方流雅誉。是以窃名而游，咸得礼重。殊方异域，欲入谈议门者，诘难多屈而还，学深今古，乃得入焉。于是客游后进，详论艺能，其退走者，固十七八矣。二三博物，众中次诘，莫不挫其锐，颓其名。若其高才博物，强识多能，明德哲人，联晖继轨。至如护法、护月，振芳尘于遗教，德慧、坚慧，流雅誉于当时。光友之清论，胜友之高谈，智月则风鉴明敏，戒贤乃至德幽邃。若此上人，众所知识，德隆先达，学贯旧章，述作论释，各十数部，并盛流通，见珍当时。

在那烂陀寺的五年时间里，玄奘内外学兼修，潜心钻研大小乘学，但他作为一个唯识论者，看到佛教哲学博大精深，学然后知不足。五年后，他辞别戒贤法师，打算游学五印度，希望通过寻访佛迹、求教高僧大德，来提高自己的境界和修为。在其后的三年时间里，玄奘的足迹几乎遍布印度全境。

他先顺着恒河东下，向东印度进发，前往伊烂拏钵伐多国（今印度比哈尔邦的孟格尔），途经迦布路寺。寺南面二三里处有一座孤山，山上崇岩耸立，山色俊秀，精舍中刻有檀木观自在菩萨像，最威神特尊。玄奘法师欲往求请，乃买种种鲜花串成花鬘，捧到像前，虔诚礼拜完，传说向菩萨跪发三愿：一是在此学成返归本国得平安无难，愿花挂住菩萨的手；二是所修福慧，愿生睹史多宫事慈氏菩萨，若如意者，愿花挂住菩萨的双臂；三是圣教称"众生界中有一分无佛性"者，玄奘今自疑不知有不，若有佛性，修行可成佛者，愿花挂住菩萨的颈项。许愿完，用花遥散，皆得如言，既满所求，欢喜无量，连与玄奘一同礼拜的人及精舍守卫，齐声赞道："如此奇迹，前所未有。将来日成道时，莫忘今日在此相遇的因缘，先予超度。"

离开迦布路寺，玄奘渐行到伊烂拏钵伐多国，周围三千余里，该国大都北临殑伽河。有寺院十所，四千多名僧徒，多学小乘正量部法。近有邻王，废其国君，以大都城持施众僧，于城中建有两所寺院，各有一千名僧众。其中，最有名的两位大德是怛他揭多毱多（唐云如来密）和羼底僧诃（唐云师子忍），俱善萨婆多部，玄奘因停留一年，向他们学习《毗婆沙论》《顺正理论》等。

第十九章 ·

————

巡礼五天竺（上）

从伊烂拏钵伐多国又顺着殑伽河南岸，向东行走三百多里，瞻波国（位于中印度吠舍离国南方古国），该国的大都北靠殑伽河，方圆四十多里。据传，后有天女降临世间，在殑伽河中沐浴，与河中神灵接触而产下四子。四子把印度划分为四块，封疆划界各自为王，开始建城筑都，其中一子建造的国都，就设在瞻波国。该国南界有一片森林，成群的野象猛兽不时在森林中出没，数量超过一千只，常常袭击过往行旅客商。玄奘经过这片森林时，也不免胆战心惊，于是，与其他行旅客商结伴而行。

走出森林后，玄奘又往东行走四百多里，羯朱嗢祇罗国（其都城故址在今印度比哈尔邦东部的拉其马哈附近）。但见满目疮痍，城郭丘墟，子民多居在村庄。昔日戒日王游东印度时，在此筑宫，梳理国是，至则葺茅为宇，去则付之一炬。玄奘没有在此过多停留，又向东行走六百多里，经奔那伐弹那国（领土包括今孟加拉国北部大部分地区）。该国周围四千多里，土地卑湿，稼穑滋茂，居人殷盛。其国气序调畅，风俗好学，有佛寺二十多所，僧众三千余人，大小二乘都有人修习。

从此往东行走九百多里，渡过布拉玛普达拉河，便到达东印度较大的古国——伽摩缕波国（今印度阿萨姆邦的高哈蒂）。国内河流湖泊交错纵横，人性志存强学，宗事天神不信佛法。故自佛兴以迄于玄奘到时，尚未建立佛寺招集僧侣。其有净信之徒，但窃念而已。

此国的东面，山阜连接，无大国都，接壤于中国的云南边境。玄奘本可以从此经云南、四川再返回长安，可详细询问当地熟悉此段路径的人才知道，这段路途不但山路险阻，森林蔽日，而且还有瘴气恶雾弥漫、毒藤缠身的热带雨林地带，不易通行。于是，玄奘决定巡礼五天竺，仍由南印度至西印度，绕道西域，返回大唐。

从伽摩缕波国折回，向南行走一千二三百里，经三摩呾吒国（今孟加拉国达卡西南的柯密拉西面约二十公里处）。该国濒临大海，气序和畅，属于典型的海洋性气候，适合植物生长，庄稼茂盛，花果繁茂。此国的南面，人种则为达罗毗荼语系的黑人，语言、文化都迥异于雅利安人。国内存留寺院三十多所，僧徒两千多人，均学习上座部佛法。离城不远处有一座塔，为无忧王所建，过去释迦曾于此为诸天人说妙法七天。离这里不远，寺中有青玉佛像，高八尺，精细圆润，五色光瑞。

从三摩呾吒国向西行九百多里，到达耽摩栗底国（故都在今印度西孟加拉邦米德纳普尔县的塔姆鲁克附近，是印度重要的海港城市）。该国都濒临海湾，处于水陆要冲，汇集了很多奇珍异宝，国内百姓大多富裕。有佛寺十多所，僧众一千多人。在这里，玄奘第一次见到浩瀚的大海，也看到从大海彼岸的东土大唐漂洋过海运来的精致的丝织品和青瓷器，触物伤情，勾引起玄奘对大唐的思念之情。他知道二百多年前，法显法师就是由此乘渡回国的。

玄奘欣闻海中有僧伽罗国（又称执师子，今斯里兰卡），佛法极盛，有精通上座部佛法及解《瑜伽论》的高僧，但须驾船涉海七百多里才能到达。正整装待发时，适逢一位从南印度来的僧人劝说："前往师子国须经海路，海上多有风浪险阻、药叉，行船十分危险，尚且时间久远。不如从南印度东南角乘船，三日可达师子国。这样比起航海来安全多了，还可沿途巡礼圣迹。"

听了他的相劝，玄奘遂暂时放下回国的念头，决定沿着陆路前往师子国。先向西行走七百多里，到达羯罗拿苏伐剌那国（今西孟加拉邦穆尔昔达巴德县的罗杰巴底等迦），该国居民殷盛，家室富饶，气序调畅，风俗淳和，好尚学艺，邪正兼信。国内有佛寺十多所，僧众两千多人，修习小乘正量部法。从此西南行走七百多里，经乌荼国（今印度奥里萨邦北部一带）。该国周围七千多里，人貌犷烈，肤色乌黑，发音语调，与中印度不同。居民好学不倦，多信佛法，国内有佛寺一百多所，僧徒超过万人，都修学大乘教法。有天祠五十所，佛塔十多座，玄奘都一一巡礼，不在话下。

从这里再向西南行走一千二百多里，穿过一片大森林，到达恭御陀国（今印度奥里萨邦的甘贾姆县北部）。其国濒临大海，气序温暑，土地卑湿。当地居民崇敬外道，不信佛法。国内有小城数十座，连接山岭，扼守海滨，城池本来坚固高峻，士卒又勇猛威武，威震邻国，遂无强敌。玄奘到达时，这个崇奉武力信奉外道的国家，仍沿用贝壳、珍珠作为货币，在市井和商贾间互通有无。

离开恭御陀国，玄奘继续向西南前行，穿过一片极大的荒野，巨木葳蕤，遮天蔽日，再行走一千四五百里后，羯陵伽国（今甘占海岸以南哥达瓦里河下游一带）。该国周围五千多里，稼穑丰饶，僧徒多学习大乘上座部之法。据说，恭御陀国过去户口殷盛，路上的行人摩肩接踵，举起的袖子能连接成帷幕。触犯了五通仙人，使其退失神通，便以恶咒术残害国人，老少皆无幸免，贤人愚夫都丧命，人烟断绝，颇渐迁居，犹未充实。

由此向西北山林中前行一千八百多里，又入中印度境内，憍萨罗国（故地相当于今哥达瓦里河上游的东北部地区，都城约在哥达瓦里河支流瓦尔达河北岸的昌达）。该国有寺院上百所，僧众有一万多人，都修习大乘法教。城南面不远处，有一座寺庙，是龙树（龙猛）菩萨卓锡之处。龙树是继释迦牟尼之后大乘空宗的创始者，在汉传佛教中享有"八宗共祖"的称号，中国佛教的三论宗、天台宗、华严宗等宗派，都以龙树法师为印度远祖之一。其著作很多，有"千部论主"的称誉，其中以《中论》及《大智度论》尤为著称。

另一位高僧是提婆菩萨，是龙树法师门下最杰出的一位，继龙树之后在南印度传播大乘空宗。当时业已成名的提婆菩萨自执师子国前来，要求与龙树法师辩论佛经教义，龙树素来知道他的名声，不发一言，遂盛满一钵水，命弟子持到寺庙门口让提婆菩萨看。提婆见水，亦无语，默而投针。弟子持钵疑而还报，龙树大悦道："钵中之水，代表我的才智周全；他来投针，代表他欲穷就真理。这种人才是论道谈玄的最好对象。"急令引入，言下相得，龙树后来在此圆寂。

玄奘礼拜了龙树和提婆二位菩萨的圣迹，又听说该国有一位婆罗门教徒，善解明因之学，遂停留月余，跟其学习《集量论》。

从此向南行走九百多里，穿越一片大森林，到达了案达罗国（约在今印度安德拉邦北部，哥达瓦里河与克里希那河之间）。城侧西南方向二十多里处，有一座孤山，山上有一座塔，是陈那菩萨创作《因明论》之处，玄奘前去拜谒。陈那菩萨是大乘唯识宗佛教著名论师，佛教新因明的创始人，被后人称为"中世纪正理学之父"。陈那菩萨曾以辩才挫败许多外道，因而著称于世。曾在印度佛教中心那烂陀寺讲说《俱舍论》、唯识、因明等佛教学说，后受文殊菩萨点化而造《集量论》。后来，陈那菩萨游历南印度，降服外道诸论师，复兴已荒废的道场，后来在森林中的洞窟内示寂。

从案达罗国的林野中南行一千多里，驮那羯磔迦国（今印度安得拉邦中部克里希那河下游）。该国大都城据山有弗婆势罗（华言西山）寺，城西据山有阿伐罗势罗寺，是该国先王为佛祖建造的。仿造大夏的规模，集林泉之秀丽，千年来，每年有一千多名夫僧去寺中安居，自百年来，传闻有妖孽频频出现，日益荒废，人迹罕见。城南不远处，有一座大山岩，是婆毗吠伽论师住阿素洛宫待见慈氏菩萨成佛之处。

　　玄奘在该国遇到两位高僧：一名苏部底，一名苏利耶，两人都善解《大部众》三藏。玄奘在此停留数月，师从他们学习《大众部》等论。他们也知道玄奘精通大乘佛教，便向他虚心请教，谈兴很浓，当听说玄奘要去师子国，于是决定结伴而行，一同巡礼圣迹。

　　由此向南行走一千多里，到达珠利耶国（今印度安得拉邦东南部佩内尔河河口及以南一带）。该国大都城方圆十多里，土野空旷，居户稀少，人性犷烈，信奉外道。城西附近有一座古寺，是提婆菩萨与罗汉论议之处，至第七转已去，罗汉三缄其口，暗中运用神通去睹史多天请教弥勒佛。弥勒佛告诉他，提婆菩萨修行已久，贤劫之中，当绍佛位，非尔多达，要多加尊敬。提婆直说，此慈氏菩萨圣智的解释，并非仁者能详察的。罗汉深加敬叹，避席礼谢。

　　从此向南进入林野中，前行一千五六百里，至达罗毗荼国（今印度安得拉邦南部及泰米尔纳德邦北部）。该国大都城号建志补罗，即达摩婆罗菩萨出生之处。菩萨原是该国大臣的长子，幼怀雅量，长而弘远，闲于著述，乃创作《声明杂论》二万五千颂，是大乘瑜伽行派大理论家，曾主持过那烂陀寺，玄奘曾授业于其弟子戒贤法师。建志城处于印度南海的口岸，航海只需三日，便可到达师子国。

第二十章 ·——

巡礼五天竺（下）

玄奘、苏部底和苏利耶刚准备从印度南海口渡海，前往师子国。只见口岸上一片混乱，原来是一支三百多僧伽罗国的僧众渡海前来，欲前往建志城。经询问才得知，因为僧伽罗国王驾崩而导致国内发生饥乱，全国人民均陷入战乱饥荒之中，使僧侣们无住身之地，所以暂时离开本土，欲逃往印度躲避灾难。

　　玄奘听后，大失所望。恰好在众僧中间，有两位高僧大德，一位菩萨迷祇湿伐罗（又名觉自在云），一位阿跋耶邓瑟晰罗（又名无畏牙）。玄奘与他们相见完毕，询问他们道："听说贵国大德等解《上座部》三藏及《瑜伽论》，现在想前往贵国参学。"二位高僧闻言，说："法师前往，是为求得佛法，这样不远万里虔心寻求正法的精神，实在令我们敬佩不已。可是眼下国内一片混乱，师子国内知法的僧人，大多聚集在这里，法师如有疑义，可随意提问。"

　　玄奘听信了二位高僧之言，便打消了前往师子国的念头。随他们一同住下来，天天和二位高僧谈论《瑜伽论》的宗旨，经过反复研讨，发现仍然没有超出戒贤法师所讲的范围。

　　向南前行三千多里，可以到达秣罗矩吒国（今印度半岛的最南端）。闻听该国周围五千余里，毗邻海侧，土地盐碱，庄稼贫瘠，海渚诸珍，汇聚此国。居民志性刚烈，邪正兼崇，不尚游学求艺，唯善逐利。国内寺庙遗迹很多，但是现在存留下来的很少，僧徒也稀少。

　　这时，玄奘又听说东北海畔有一座城池，从该城向东南方向前行三千多里，可到达僧伽罗国。据传该国周围七千多里，大都城四十多里，人户殷盛，花果生长得十分繁茂，国本宝渚，多有珍异，商贾往来期间，获取利益。该国早先敬奉其他宗教，释迦涅槃一百年后，无忧王的弟弟摩醯因陀罗，舍离爱欲，志求圣果，得六神通，具八解脱。足步虚空，来此国游历时，极力弘扬宣传正法，流布遗教。国人风俗淳信，开始建立寺院，至今为止有几百所，僧徒二万多人，遵行大乘上座部法。该国的东南面一隅有一座骏迦山，岩谷幽峻，神鬼游舍，乃释迦曾经于此说《骏迦经》。国南浮海几千里便可到达那罗稽罗洲，洲上的人长余三尺，人身鸟喙，既无谷稼，唯食椰子。

于是放弃巡礼师子国的念头，玄奘与七十多名师子国逃难的僧众从达罗毗荼国的北面，一路巡礼佛寺，行程二千多里后，到达恭建那补罗国（今印度西南部果阿地区以西通加巴德腊河流域）。国内建有寺院一百多所，僧徒超过一万多人，大小二乘兼修。宫城的一侧有一座大寺庙，寺庙内珍藏着释迦牟尼年少时的宝冠，高不过二尺，用珍宝进行装饰，在宝函中珍藏着。每逢斋日，便取出宝冠放在高座上，用香花供奉，有时会放出光明。城一侧的寺院里有一处精舍，精舍中供有檀木雕刻的慈氏菩萨像，高十多尺，神光照烛。城的北面不远处有一片罗树林，方圆三十多里，其叶长广，色彩光亮，诸国书写，莫不采用。

从这里向西北方向经过一片常有野兽出没的大片森林后，再向前行走二千四五百里，到达摩诃剌侘国（今印度孟买西北的纳西克）。该国方圆六千多里，都城西依一条大河，民风强悍，尚武好战，轻生死而重节操，为南印度第一强国。国王属于刹帝利种，手下豢养着几千名勇士，还有性格暴烈的几百头战象。每逢开战前，亦先饮酒，群驰蹈践，没有不被击溃的。王国依仗手典重兵和战象，轻视陵邻国。当戒日王东征西伐时，所向披靡，唯有该国不臣服，戒日王屡次率领五印度的甲兵及募召诸国悍将，亲自前来讨伐，都没有克胜。

其兵如此，其俗如彼，该国有寺庙百多所，僧徒五千多人，大小二乘兼修。

从这里向西前行一千多里，渡过耐袜陀河（今纳巴达河），到达跋禄羯呫婆国（今印度西部纳巴达河口的布罗奇附近）。该国土地咸卤贫瘠，草木稀疏，煮海为盐，利海为业。民风诡诈，不知学艺，邪正兼信。国内有寺庙十多所，僧徒二百多人，修习大乘上座部法。

从这里向西北前行两千多里，到达摩腊婆国（故地约在今中央邦马尔瓦到孟买邦卡奇湾一带）。该国与上面提及的邻国的环境恰好相反，土地膏腴，物产丰富，居民以面食为主。人性善顺、聪敏，重视学艺，是五印度中足以与摩揭陀国相提并论的文化大国。国内有寺院几百所，僧徒两万多人，修习学小乘正量部法。

玄奘一行沿着西北方向前行两千四五百里，到达阿吒厘国（现巴基斯坦境内）。该国盛产胡椒树，树叶若蜀椒；又种植薰陆香树，树叶似棠梨。从摩腊婆国向西北前行三日，到达契吒国（可能在今卡奇地区）。该国人户殷盛，家室富饶，没有国王，役属于摩腊婆国，风土物产，遂同其俗。国内有寺院十多所，僧徒一千多人，大小二乘兼修。从这里向北前行一千多里，经伐腊毗国（今卡提阿瓦半岛）。该国土地物产，气候民风，与摩腊婆国相似，居人富裕程度有过之而无不及，家室富饶，积财百亿者，乃有百余室。有寺院一百多所，僧徒六千多人，多学小乘正量部法。释迦在世时，曾多次游历此国。无忧王的足迹在释迦所到的地方，都建有宝塔来作纪念。国王属刹帝利种，是羯若鞠阇国尸罗阿迭多王的女婿，人称杜鲁婆跋吒，性情急躁，智谋浅显，然而敬奉三宝，供养着很多僧众，每年举行大会七日，礼聘各国名僧前来讲经，最后广施财物。

从伐腊毗国向西前行五百多里，达到苏剌陀国（今印度拉贾斯坦邦一带）。该国土地风俗，与苏剌陀国同，居人殷盛，家产富饶。国内有一所寺院，僧众一百多人，习学小乘教说一切有部。国王属于刹帝利种，正值弱冠之年，智勇高远，深信佛法，高尚异能。又向东南方向前行二千八百多里进入南印度境内的邬阇衍那国（今印度中央邦西部）。国内有寺院几十所，大多已经荒废，仅存完整的寺院三五所，僧众三百多人，大小二乘兼功修习。国王属于婆罗门种，博览外道书籍，不信佛法。

从这里向东北方向前行一千多里，到达掷枳陀国（今印度中央邦北部的彭德尔甘德地区）。该国土地肥沃，适宜种植菽麦，花果种类繁多，气候风调雨顺，人性善顺，多信外道，少敬佛法。仅有几十所寺院，僧徒很少。国王属于婆罗门种，笃信三宝，尊重有道德、多方面博达之士，多集此国。又折向北面前行九百多里，达到摩醯湿伐罗补罗国（今印度拉贾斯坦邦东部的瓜廖尔一带）。该都城方圆二十多里，土地风俗，与邬阇衍那国相同。居民尊崇外道，不信佛法。国王属于婆罗门种，不甚笃信佛法。

从印度西北出发，经过荒野险碛，行走一千九百多里，渡过信度大河，到达信度国（今巴基斯坦旁遮普省的西南部一带，印度河与萨特累季河河流地区）。该国人性刚烈而质直，但笃信佛法。国内有寺院几百所，僧徒一万多人，并学小乘正量部法，国人有精勤贤善之徒，独处闲寂，远迹山林，夙夜不懈，大多能证得圣果。国王为戍陀罗种，性格淳朴，敬重佛法。

玄奘从南印度辗转到西印度的信度国，已经绕行五印度一周，但他游兴未泯，没有停滞不前，继续前行。从信度河东行九百多里，乘船到达信度河的东岸，到达茂罗三部卢国（今巴基斯坦旁遮普省中部）。该国内有一座日天祠，庄严华丽，日天像用黄金铸成，用珍奇异宝进行装饰。五印度国诸王豪族，都在此施舍珍宝，建立福舍，用饮食、医药接济贫穷百姓和病人。诸国来此求援者常常超过千人。

离开茂罗三部卢国，朝东北方向前行七百多里，至钵伐多国（今巴基斯坦旁遮普省的哈拉巴）。城一侧有一座大寺院，僧徒超过百人，并习学大乘教。过去慎那弗呾罗论师在此创作了《瑜伽师地论》，也是贤爱论师、德光论师出家为僧之处。后来，大寺院被天火烧毁，残破荒败。从信度国向南前行一千五六百里，到达阿点婆翅罗国（今巴基斯坦南部印度河口一带）。该国偏居西部，靠近印度河，毗邻海边，房屋内的饰物，多有珍宝。人性暴急，语言和中印度略有差异。国内有寺院八十多所，僧众五千多人，大多学小乘正量部法。城中有大自在天祠，祠宇雕饰华美，天像灵鉴，涂灰外道居住其中。

从这里向西行走不到两千里，到达狼揭罗国（今巴基斯坦俾路支省东南一带），入西印度极西境。该国临近海滨，是入西女国的交通要道。他们没有国王，各自为政，都隶属于波剌斯国，流通的文字与印度大同小异，语言略有差异。从这里向西北走到波剌斯国（今伊朗）。那里盛产金、银、鍮石、颇胝、水精、细褐、氍毹、羊马、骆驼等。国内有寺院二三所，僧徒一百多人，皆学小乘教。该国境内东面有一座鹤秣城，西北接拂懍国，西南海岛有西女国，都是女人，无男子。诸多珍宝，附拂懍国。

从这里向北行走七百多里，到达臂多势罗国（今巴基斯坦信德省南部），该国居人殷盛，无大君长，隶属于信度国。城北方向十五里处的大林中有一座佛塔，高达几百尺，塔中供奉着舍利，有时绽放光明，是释迦昔日作仙人被国王所害之处。从臂多势罗国向东北方向行走三百多里，到达阿軬荼国（今巴基斯坦信德省北部）。城东北不远处的一大片竹林中存有佛寺的遗址，是释迦昔日听诸苾刍着亚缚屣的地方。从这里又往东面行走九百多里，到达伐剌拏国（今巴基斯坦西北边境省的班努一带）。城南不远处有一座古寺，释迦过去曾在此说法，展示佛教的好处便利，开悟含生之处。一侧存有过去四佛座及经行遗迹。居大山间，有善马者，其形姝大，诸国稀种，邻境所宝。

从这里向东行走九百多里，渡河到达东岸便是茂罗三部卢国。

又向东行走七百多里，到达钵伐多国。该国城外有一座大寺，寺内居住着一百多位僧侣，是大乘教的中心，也是最胜子大师著述《瑜伽师地释论》的地方，也是贤爱论师、德光论师二位法师出家为僧之处。玄奘在此驻留一年，修习正量部《根本阿毗达摩》《摄正法论》及《教实论》等。

第二十一章。————降伏外道

公元 639 年，四十四岁的玄奘巡礼印度东南西面大概几十个国家，每到一处，拜谒名师，虔心请教后，便返回了那烂陀寺。参礼正法藏后，闻那烂陀寺的西面不远处有一座底罗择伽寺，出家大德名般若跋陀罗，本缚罗钵底国人，于萨婆多部出家为僧，通晓一切有部、声明和因明等，玄奘就此停留两月，咨决所有疑惑。

在距那烂陀寺东北方向六十里的杖林山居士胜军论师处。胜军是本苏剌陀国人，刹帝利种，幼时敏而好学，起先跟从贤爱论师学习《因明论》，又跟从安慧菩萨学习《声明论》、大小乘论，又跟从戒贤法师学习《瑜伽论》，还有外籍群言、四《吠陀》典、天文、地理、医学、方术，无不穷览根源，穷尽枝叶。由于他饱谙经史、德高望重，所以摩揭陀主满胄王钦贤重士，闻风而悦，曾经礼聘他为国师，封地二十大邑，论师没有接受；满胄驾崩，戒日王即位，又敦请他为国师，封乌荼国八十邑，论师也坚辞不受；再三固请，均坚决推辞。无奈之下，对戒日王说："我闻受人之禄，忧人之事。现在我忙于超脱生死的烦恼，哪有时间过问国家之事啊？"说完，长揖而去，戒日王不便挽留。每天在杖林山开讲佛经，前来听讲者多达数百名。玄奘跟从他学习《唯识抉择论》《意义理论》《成无畏论》《不住涅槃论》《十二因缘论》《庄严经论》，以及针对《瑜伽师地论》《因明论》等疑难问题，潜心向他请教，前后学习两年。两位大师，教学相长，均受益匪浅。

此间，玄奘做了一个梦，他梦见辉煌宏大的那烂陀寺沦为一片废墟，到处系着水牛，庙里没有一个僧侣。他从幼日王院的西门进去，至第四重阁，看见一名着金衣服的人，色貌端严，光明满室。玄奘内心欢喜，想上楼去却苦于无路，于是恳求金人伸手接引。金人说："我是曼殊室菩萨，你业缘未尽，未可来也。"随后，指着寺外说："你看那里。"玄奘顺着金人所指的方向望去，只见寺外火光冲天，附近的村庄都化为灰烬。玄奘正诧异间，金人又说："汝可早归，此处十年后戒日王当崩，印度荒乱，恶人相互攻击，你须要好好留意。"

玄奘蓦然醒来，惊诧不已，向胜军居士讲了梦中的场景，胜军说："世间三界本来就反复无常，既然菩萨在梦中已预先告知，全凭你自行安排。"

实际上，这个梦用"日有所思，夜有所梦"来解释，一点也不荒谬。玄奘西行取经已逾十年，因思念故国大唐，行诸梦寐，这也是自然而然的事。这个梦让玄奘萌生东归的决意。

贞观十四年（公元640年）正月初，玄奘与胜军参拜菩提寺舍利，并巡礼菩提树等遗迹，八日后，玄奘复还那烂陀寺，准备与戒贤法师辞别，决定返回东土大唐。

离开那烂陀寺六年时间，玄奘饱读佛经，巡礼诸邦，遍访高僧大德，其佛学造诣如日中天，而且尚能做到融会贯通。戒贤法师对玄奘渊博的学识大为赞赏，便请他主持那烂陀寺的讲席，为众僧开讲《摄大乘论》和《唯识抉择论》，并沟通了当时大乘学说"瑜伽""中观"两家之争。

当时，有个名叫师子光的高僧，正在寺内开讲大乘佛教的经典《中论》和《百论》，大肆攻伐戒贤法师及其《瑜伽师地论》。玄奘站在对此三论都深刻熟稔的立场上认为，圣人立教，各持一见，不相矛盾，惑者对此不能做到融会贯通，相互排斥，这是传法者的过失，与法教本身无关。当一向执着追求真理的玄奘见师子光思想狭隘，屡次带着问题质问师子光，师子光被质问得哑口无言。于是，他的学徒渐散，纷纷转投至玄奘门下。

玄奘为了消除偏见，调和两派学说的关系，就用梵文著成《会宗论》三千颂，阐述会通各宗的见解，得到戒贤法师的称许。随后，戒贤法师遍示大众，寺里众僧无不称赞。师子光阅读后感觉羞愧难当，便离开那烂陀寺，搬到菩提寺居住，并找来他的同学，东印度著名高僧旃陀罗僧到那烂陀寺与玄奘辩论，以替自己雪耻。谁知这位高僧读了《会宗论》后，听了玄奘的讲解、议论后，自知非他对手，遂一言不发，默然退去。从此，玄奘在五印度的声誉愈发隆盛，几乎无人匹敌。

就在玄奘在那烂陀寺谋划返回东土大唐的归期时，戒日王的一封书信，迫使他归国的计划不得不搁浅。

当初，在师子光没有离开那烂陀寺时，戒日王作为那烂陀寺的护法，曾在寺的一侧建造一座十余丈高的精舍。一次，他亲自提兵征讨恭御陀国时，途经信奉小乘佛教的乌荼国时，此国的僧侣大肆诽谤大乘是空华外道，非佛所说。佛陀在各经论中，都说佛法即自己的真心自性，若在此以外谈法论议，都是心外求法，故被视为"外道"。见到了戒日王，冷嘲热讽道："听说大王在那烂陀寺一侧兴建一座精舍，壮伟华丽，何不建在迦波厘外道寺侧，却偏偏要建造在那里？"

作为大乘佛教信徒的戒日王，哪里忍受这样讥讽的言语，生气地辩解道："你们这样信口雌黄，不觉得太过分吗？"

乌荼国的小乘教徒回应道："然则，那烂陀寺空华外道与迦波厘，又有何轩轾可分？"

对去南印度王灌顶师老婆罗门，名般若毱多，明正量部义，专门撰写《破大乘论》七百颂，攻击大乘佛教的经义理论。诸小乘佛教的僧侣们读后都欣喜若狂，视为瑰宝，这次便拿来呈示戒日王，说：

"这就是我们小乘佛教的宗本，大乘佛教的高僧是没有能耐击破其中一个字的。"

看着这些小乘佛教的僧侣狂妄至极的举止，戒日王便对他们说："我听说狐狸行于鼷鼠群中，自吹比狮子雄猛，等真见到狮子时，就吓得魂飞魄散，入地无门。我想诸位未见过大乘诸德，所以固守愚宗。假使将来有缘相见，恐怕同狐狸碰到狮子没有两样啊！"

小乘教徒听后都不服气，挑衅道："大王倘若有疑问，为何不召集两派的精英，一决雌雄？"

戒日王说："这有何难。"

即日，戒日王派人给那烂陀寺的戒贤法师送去一封书信，上面写道："弟子班师回朝途经乌荼国时，见小乘师恃凭小见，制造舆论诽谤大乘佛教。词理切害，不近人情，仍欲张鳞，共师等一论。弟子知道寺中有大德并才慧有余，无所不知，于是答应他们，谨令奉报。希望差遣大德四人，善自他宗兼内外者，赴乌荼国行从所。"

戒贤法师接到这封修书，急忙召集众僧共同商议此事，因慑于般若匊多的威望，众僧面面相觑，不敢赴会。但这事关系到戒贤法师的一世英名和那烂陀寺的声望，决不能逃避。最后，戒贤法师决定派遣海慧、智光、师子光和玄奘四人前去乌荼国，海慧三人听说小乘佛教的僧侣口吻十分强硬，不敢前往。玄奘挺身而出，劝慰他们说："小乘佛教的诸部经典，我在中国及到了迦湿弥罗国以后，都已读遍，对它的底细了然于胸，他们想破大乘佛教，是绝不可能的事。我虽然学浅智微，但去乌荼国辩论还是能对付的。诸位大德不必担忧，如果有失，那是贫僧的事，和大德们无关。"

玄奘一席话像给众僧服下一颗定心丸，他们纷纷转忧为喜，刚才的担惊受怕一扫而空。戒贤法师听了也十分高兴。这时，又收到戒日王派人送来的一封信，说："前请大德未须即发，待后进止。"

此时，有一个外道的婆罗门跑到那烂陀寺要求辩论，写了四十条经义论纲，悬在那烂陀寺门口，说："那烂陀寺的众僧听着，你们当中若有人难破经义论纲一条者，甘愿斩首示众。"

数日已过，没有人出面迎战，玄奘就遣房内净人到寺门口，把那四十条经义论纲，当场撕碎并踩在脚下。

婆罗门教徒见状大怒："你是何人？"

答道："我是摩诃耶提那婆（大乘天的意思，是玄奘在印度的法名）的奴仆！"

婆罗门素闻玄奘的大名，甚感愧惧，锐气已锐减三分。玄奘便把他请进寺里，又请来戒贤法师和诸位高僧大德为证，与他当场辩论。婆罗门教徒首先发难："法师撕踏论纲，明理何在？"

玄奘说："撕踏有何不可！你们立论的宗本，不外乎诸家。光看看你们的衣着打扮就知道你们立论宗本是否有理了。你们诸家外道，有的用灰涂满身体，就像钻进灰堆里的狸猫；有的拔发为功德，袒露着身体，皮肤冻得皲裂，就像枯死的树木；有的则以骷髅作为装饰品悬挂在脖颈上，就像坟冢旁边的标记；有的更不像话，披粪衣而食便秽，腥臊恶臭，就像饲栏里的狂豕，还以为这才算是苦行，这就是你们立论宗本所产出的结果。殊不知，出家修行者应身净心清，恪守戒律，你们如此衣着成何体统？你们以此为至道，岂不是愚蠢万分。"

玄奘用逻辑推理的方法陈述了一番，驳得这位婆罗门教徒哑口无言，对他十分佩服，最后，站起来谢罪说："我已服输，法师不必多言，愿意听凭发落。"

见婆罗门教徒低头认输，玄奘笑盈盈地说："我们佛门子弟，以慈悲为怀，绝没有害人之理。你既已认输，可拜我为师，留在我身边做些杂务吧。"

婆罗门教徒欢喜敬从，闻者莫不额手称庆。

这时，玄奘准备遵照戒日王的命令，前往乌荼国进行辩论，得到乌茶国般若毱多写的《破大乘论》七百颂的原文。反复阅读后，发觉几处疑问，犹豫不决，便问这个刚收伏的婆罗门教徒说："你可听过这个经文？"

婆罗门回答："曾经听讲过五遍。"

于是，玄奘便放下师父的架子，虚心请他讲解释疑。这位婆罗门教徒见玄奘诚心向自己请教，心生几许感动的同时，有些顾虑地说："我今日沦为奴仆，岂敢为尊师讲解经文呢？"

玄奘便鼓励他说："这是他宗，我没有见过，你但讲无妨。"

尽管如此，婆罗门教徒仍然谨慎地建议："如果要讲，那就在夜深人静时进行，免得被人看见您跟从奴仆学习佛法，有损您的尊名。"

见婆罗门教徒说得有理，玄奘便答应，在夜间屏退诸人，请他讲解了一遍经文。待婆罗门教徒讲解完毕，玄奘对他说："以前我是你的师父，现在你给我讲经，又是我的师父，咱们还是不以师徒而论，平起平坐地研究佛法吧。"

玄奘理解完毕后，根据大乘教义把其中的谬误和漏洞一一校正，用梵文写成《破恶见论》一千六百颂。他先呈给戒贤法师斧正，并向众僧宣示，莫不赞赏。后来，玄奘对那位婆罗门教徒很感激地说："你在辩论中败北而沦为侍者，你既已真心认输而诚意修行，现在放你回去，随意所之。"

于是，玄奘以宽宏大量的做派让婆罗门教徒感激涕零，重新获得自由的婆罗门辞别玄奘欢喜而去。不久，回到东印度的迦摩缕波国，见到国王鸠摩罗王，百般称颂玄奘的学识渊博、德行纯厚，国王顿生仰慕之心，便派使者前往那烂陀寺，邀请玄奘到迦摩缕波国讲授佛经。

第二十二章 · ——————

戒日王会见玄奘

屈指一算，玄奘自公元 629 年离开长安至今，已有十四个年头。在巡礼圣迹和刻苦求学的漫长生涯中，盛世大唐无时无刻不在召唤着玄奘。然而，身处异域的玄奘并没有忘记大唐故土，也没有忘记自己肩上担负着翻译佛教典籍以利于后世的远大抱负。他回意已决，便开始整理佛经佛像，准备择日东归。寺内众僧闻讯而至，纷纷对玄奘加以劝阻。他们认为印度是佛主的故乡，希望玄奘能留下来，共同宣扬佛法。于是，以师子光为首的高僧请戒贤法师出面挽留玄奘。戒贤法师见地独特，毕竟高人一筹，他认为玄奘学习《瑜伽师地论》精义之后，又拜访印度高僧大德，巡礼多处圣迹；人生如白驹过隙，比如朝露，去日苦多，眼下对玄奘而言，亟待做的是抓紧时间返回东土大唐传经布道，将人生大好光阴用于弘扬佛法上。戒贤法师劝诫众位徒弟，让玄奘装束，不必再苦苦留劝。

　　在鸠摩罗王的使者来之前，有一个名叫伐阇罗的露形外道来访，玄奘早就听说过露形外道极善占卜之术，请坐后，问所疑："玄奘大唐僧，来此学问，岁月已久，今欲归还，不知达否？又去住二宜，何最为吉？及寿命长短，愿仁者占看。"

　　伐阇罗听后，要过一块白石，画地开始占卜，然后对玄奘说："法师留在这里最好，五印度各国的僧俗大众无不敬重法师；要回国也可如愿，而且受到朝野上下一致敬重，但总不如留在这里。法师的寿命，自今算起，更可十年，倘若多行善事，还能延续。"

玄奘又问："我意欲归国，但搜集来的经本佛像很多，不知可否顺利运回东土大唐？"

伐阇罗摆摆手，说："这个不用担忧，戒日王、鸠摩罗王自会派人护送法师东归。"

对伐阇罗的回答，玄奘疑惑不解，问其故："这两位君王素未谋面，怎么能赐予如此恩惠？"

伐阇罗斩钉截铁地说："鸠摩罗王已派遣使者来请玄奘，二三日即可到达，见到鸠摩罗王后，也就自然而然见到戒日王了。"

在玄奘愣怔的片刻，伐阇罗说完，便离开了。

果真像伐阇罗所说的那样，两日后，鸠摩罗王的专使来到那烂陀寺，送来一封书信对戒贤法师说："弟子愿见大唐大德，希望请法师派玄奘前去，以安慰我王的向往之心。"

戒贤法师得到此书，面露难色，迟疑半天，才把此事告诉了诸僧，说："鸠摩罗王欲请玄奘，但打算把玄奘差往戒日王驾之前，要与小乘派进行辩论，今天如果满足鸠摩罗王的要求，戒日王那里又如何应对？不如婉辞。"便对来使说："大唐僧打算返回东土大唐，根本来不及赴应王命，希望大王谅解。"

使者回去，按照戒贤法师的答复禀报给戒日王。他不肯善罢甘休，又派遣使者来请，说："大唐法师即使返回东土大唐，也不妨在归国前来一趟，并非难事。一定请玄奘法师光临本国，不要再推脱了。"

戒贤法师依然没有同意，仍旧谢绝使者的邀请。鸠摩罗王闻言勃然大怒，又另外派遣一名使者，给戒贤法师送来一封言辞严厉的书信，上面写道："弟子凡夫，染习世乐，于佛法中未知回向。今闻外国僧名，身心欢喜，似开道芽之分，师复不许其来，此乃欲令众生长沦永夜，岂是大德绍隆遗法，汲引物哉？不胜渴仰，谨遣重咨。若也不来，弟子则分是恶人，近者设赏迦王犹能坏法毁菩提树，师即谓弟子无斯力耶？必当整理象军，云萃于彼，踏那烂陀寺，使碎如尘。此言如日，师好试看。"

戒贤法师拿到书信后，才知道娄子捅大了，说："鸠摩罗王善心素薄，境内佛法不甚流行；自从听到玄奘法师的声名，似乎已倾心佛法。你或许是他前世修行的友好，花点时间前去开导开导他也好。怕他恼羞成怒后，兴动干戈，祸殃那烂陀寺及众僧。"

听到戒贤法师分析利害，玄奘便点头答应，于是辞了戒贤法师，与使者前往东印度迦摩缕波国。十天后，玄奘到达，鸠摩罗王率领百官亲自迎接，看到玄奘举止大方，谈吐清雅，备受欢迎。延入宫，日陈音乐，饮食华香，尽诸供养。两人会面后，交谈十分融洽。玄奘为鸠摩罗王讲经一个多月后，鸠摩罗王宣布顶礼皈依。

再说，戒日王亲自征伐恭御陀国班师还朝时，对小乘教公开挑战大乘教之事念念不忘，听说玄奘去了迦摩缕波国，恼羞成怒地说："在鸠摩罗王邀请之前，我频繁邀请都不来，现在为何到那边去了？"于是，立即派遣使者星夜出发赶到鸠摩罗王处，传达戒日王的命令："赶快把大唐高僧送过来！否则驱师前来讨伐。"

鸠摩罗王听经正上瘾，哪里肯放；又对戒日王傲慢的语气耿耿于怀，便对来使说："要我的头容易，要大唐僧回去，万万做不到。"

使者回去如实禀报给戒日王，戒日王听后勃然大怒，说："鸠摩罗王竟敢轻慢我，如何为一名僧人大放厥词！"又派遣使者责问鸠摩罗王道："你说头可以给，你立刻交给使者带回。"

鸠摩罗王深悔失言，感觉自己绝对惹不起全印度的霸主戒日王，为了消除误会，维持两国睦邻友好关系，不如现在把玄奘送过去。鸠摩罗王立即调集两万象军，三万艘船只，亲自护送玄奘前往戒日王处。只见送行队伍浩浩荡荡，顺着布拉马普特拉河而下，再逆着恒河而上，直赴戒日王的曲女城。两王约定在羯朱嗢祇罗国会晤，鸠摩罗王命人在恒河北岸搭建行宫，先把玄奘安置于行宫中，然后自己与诸臣渡河面见戒日王。戒日王见他亲自护送玄奘前来，甚是欢喜，气顿时消了一半；知道他敬爱法师，也就不再追究他之前偏激的言辞，但问："大唐法师在哪里？"

鸠摩罗王回答："在北岸。"

戒日王问："为何不一起前来？"

鸠摩罗王说："大王钦贤爱道，岂可遣师就此参王？"

戒日王连声说："言之有理！王且先回，明日亲自来迎。"

鸠摩罗王回到北岸，对玄奘叙述与戒日王见面的经过时，预言道："戒日王虽然说明日过来拜会法师，恐怕今晚就到，仍须候待。如果来了，法师也不须动。"

玄奘说："按照佛教礼仪，理应如此。"

夜里一更时分，戒日王果然前来。只见恒河两岸燃起成千上万支光烛，把黑夜映照得亮如白昼。戒日王在金鼓仪仗队的簇拥下，一步一击，鼓声响彻寰宇。伴随着金鼓声，戒日王渡河北上，前来迎接玄奘。鸠摩罗王立即命令侍从点燃光烛，率领群臣在行宫外迎接。戒日王走进行宫，只见玄奘僧庐打扮，合掌端坐在禅床上。

见到玄奘后，戒日王行使佛教最崇敬的大礼，先五体投地，而后用自己最尊贵的头部去敬礼玄奘最卑贱的足部，散着鲜花，并致颂词。敬礼完毕后，戒日王用极尽美好的语言颂扬赞美玄奘法师，而后问："弟子先时请法师，为何不来？"

玄奘答道："贫僧原来求法，为了要学习《瑜伽师地论》，接到大王的命令时，听讲尚未结束，所以没有即刻前来参见大王。"

戒日王又问道："法师来自东土大唐，弟子听说贵国有《秦王破阵乐》歌舞之曲，不知道秦王是什么人，又有何功劳，获得如此高的颂扬？"

《秦王破阵乐》又称《七德舞》，是唐代诗人白居易作词，唐代最著名的一部集歌、舞、乐于一体的大型综合性宫廷乐舞，歌颂了太宗李世民统一中国、以武功定天下的英武伟业。借以启发君主以太宗为效仿，励精图治，延续大唐盛世。

玄奘合掌大致把唐朝天子李世民的英武圣明、顺应天命、殄灭群凶、崇敬三宝、轻徭薄赋、功德无量等说了一遍。戒日王听后大喜，说："真伟大啊！大唐帝国的百姓多福，应当感激圣明的君主。"戒日王与鸠摩罗王一样，对大唐君主钦慕不已。接着又对玄奘说："弟子且还，明日前来恭迎法师，希望法师不要畏惧途中的舟车劳顿。"说完起身辞别玄奘，带领诸臣上船，渡河而去。

据史籍记载，第二年冬，戒日王便以摩揭陀国的名义，派遣使者到大唐都城长安朝拜唐太宗李世民，并赠送郁金香及菩提树等名贵花木；李世民见到印度使者，龙颜大悦，当即派遣梁怀、王敬到印度回访曲女城，并护送印度使者回国。此为中印两国的首次邦交，契机也是执意西行求法的玄奘。直到今天，印度学者拉德利亚和亚南依然说："在到过印度的许多中国人中，玄奘无疑是最伟大的一个，他是中印文化合作的象征。"

第二天一早，戒日王果然派遣使者前来迎接玄奘，玄奘与鸠摩罗王一同前去曲女城。到了行宫外，戒日王等二十多人出迎。等众人入座后，备陈珍膳，作乐散花供养，自不消多言。礼毕，戒日王主动问道："弟子听闻戒贤法师说起，法师近作《制恶见论》，可曾带来？"

法师答道："就在这里。"

遂取了出来，呈给戒日王阅读一遍后，心花怒放，对近臣和诸僧说："日光既出则萤烛夺明，天雷震音而锤凿绝响。师等所守之宗，他皆破讫，试可救看。"

诸僧面面相觑，没有一人敢说话。接着，戒日王对他们说："你们上座提婆犀那，自诩解经冠盖群英，学行囊括众哲，经常诽谤大乘教派。现在一听东土大唐高僧要来，便托言道吠舍厘巡礼圣迹，方知师等无能。"

戒日王有个妹妹，崇尚佛法，慧根极深，对佛教理论颇有见地。戒日王即位初期，信奉印度教，后来深受印度公主的影响，逐渐对佛教产生了兴趣。戒日王的妹妹坐在皇兄的后面，见玄奘谈吐高雅，欣闻玄奘畅谈大乘佛教气度宏远，而小乘佛教局促浅薄，依然称赞钦佩不已。她听完玄奘的讲经，便主动放弃了对小乘佛教的信仰，改信大乘佛教。戒日王对玄奘精湛的佛理也悦服万分，赞道："法师的佛论很好，弟子及诸师都信服不已，但恐怕其他国的小乘外道，始终执迷不悟，决定在曲女城发起辩论会，命五印度僧侣、婆罗门，以及其他教派的教徒一起参加，为进一步宣扬大乘佛教，杜绝他们的毁谤之心，以彰显法师的盛德，摧垮他们的傲慢之意。不知法师意下如何？"

　　玄奘同意后，戒日王当日发布敕令，通告五印度大小各国国王及懂晓经义的佛教徒，齐集曲女城，瞻仰聆听东土大唐法师的言论风采。

第二十三章。——

曲女城大会

在阎牟那河与恒河主流汇合处的西面，河水冲积成一片方圆十四五里的沙滩上，是历来国王举行布施大会的场所，这里又称为"大施场"。戒日王把这次法会会址也选定在这里，盖起两座高大的草殿，准备安置佛像及与会人众，每座草殿可容纳千余人，戒日王的行宫在距会场四五里的地方。当天在宫里铸成金佛像一躯，装饰了一头大象，象身上架起宝帐，帐内安置金佛像。

　　安排已定，接着戒日王陪伴玄奘，择日于初冬逆着恒河而上。戒日王率领几十万大军在恒河南岸行进，军容整齐；鸠摩罗王的数万名兵马，包括象军，在恒河北岸行进。两队人马以恒河河心为界，水陆并进。二王陪同玄奘坐在指挥舰上引导，四周防卫严密，或泛舟，或乘象，击鼓吹号，弹琴鸣笛，热闹非凡。这段不算长的路程，足足走了三个多月，是年腊月才到达会场。

　　公元 641 年初，曲女城法会正式开始。由戒日王亲自主持，而大唐高僧玄奘则作为本次辩论会的论主，在印度的历史上，真可谓空前绝后。布告一经传出，立即轰动了整个五印度。戒日王、鸠摩罗王以及应召而来的十八位国王，大乘、小乘僧侣三千多人，婆罗门和其他教派的教徒两千余人，加上那烂陀寺僧人一千余人，总计六千余人参加了这次规模空前的辩论会。

　　戒日王亲自主持了辩论会开幕仪式。在入场仪式上，乐队轮流演奏着美妙高雅的音乐。戒日王从行宫里请出一尊金像。金像高三尺多，用大象驮载，周围饰以镶满宝物的帷幔。戒日王扮成帝释形象，手执白拂侍于右；鸠摩罗王扮作梵王形象，持宝盖侍于左。二王都戴天冠，披花鬘，垂璎佩玉，异常庄严。二王各有象军五百，身披铠甲护卫周围。佛像前后各有一百头大象，上面坐着乐手，演奏着音乐。戒日王手持金银珠宝和鲜花，随走随撒，供养三宝。让玄奘和门师等各乘大象，排列在二王之后。又把三百头大象让各国国王、诸臣、高僧乘坐，排列在道路两侧，口诵赞辞，鱼贯而行。从早晨起准备行装，自行宫引向会场，至院门各令下乘，捧金佛入殿，置于宝座之上。二王与玄奘依次供养礼拜，而后传令十八国国王，一千余名享有盛名、学识渊博的诸国高僧，五百余名有名望的婆罗门和外道，以及二百余名诸国大臣依次进入，列队礼拜。其余外道俗人等与会者，都被命令在院门外安排就座。大家礼拜完毕，戒日王命人给院外院内都送上斋饭。斋罢，把一个金盘，七个金碗，一个金澡罐，一枚金锡杖，三千贯金钱，上等氎衣三千套，献给释迦佛。

烦琐而庄严的辩论会开幕仪式过后，戒日王亲自在论坛中央为玄奘铺设宝床，恭请他升上七宝庄严的论坛高座，并宣布玄奘为本次辩论会的论主，称扬大乘佛教，然后由那烂陀寺的明贤法师当众宣读玄奘所写的《制恶见论》。之后，按照印度的习惯，玄奘请人另写一份悬挂在辩论会会场门外，示一切人等，并声明：若其间有一字无理能难破者，请斩首相谢。

从早至晚，会场内外无一人敢站出来挑战。看到这种状况，戒日王欢喜回到行宫，诸王诸僧回到住所，玄奘同鸠摩罗王也返回行宫。第二天一早，大家又重返会场，照旧列队迎送佛像和举行集会，直到辩论会结束为止。

第二天早晨，艳阳高悬，五印度君臣、僧侣俗人，仍归集会，继续聆听玄奘讲解颂扬大乘佛教。玄奘讲完大乘佛教后，又开始讲解他的《制恶见论》，专门驳斥小乘佛教诋毁大乘佛教的一些偏见、谬论。这一招击中小乘佛教徒的"七寸",使他们有口难言,会场的气氛一度紧张起来。盛会持续到第五天,辩论者依旧没有浮出水面。看似平静的会场上,却潜伏着危险的漩涡。玄奘对小乘佛教的公然挑衅,大大激怒了一些小乘佛教徒,他们无法通过公开辩论战胜玄奘,便密谋暗中采取暴力手段发泄心中的愤懑之情。

第五天晚上,小乘佛教徒的愤懑终于找到了爆发点,他们把辩论会场的大门付之一炬。戒日王洞察他们的险恶用心后,张出布告宣示。

邪党乱真其来自久。埋隐正教误惑群生。不有上贤何以鉴伪。支那法师者。神宇冲旷解行渊深。为伏群邪来游此国。显扬大法汲引愚迷。妖妄之徒不知惭悔。谋为不轨翻起害心。此而可容孰不可恕。众有一人伤触法师者斩其首。毁骂者截其舌。其欲申辞救义,不拘此限。

戒日王严令遏制住了小乘教徒的蠢蠢欲动,保证了辩论会的正常进行。盛况空前的辩论大会一直持续了十八天,自始至终各个宗派的高僧大德没有一人敢站出来向玄奘挑战。此事几乎轰动了整个印度佛界。玄奘不仅向印度君臣、僧侣民众证明了大乘佛教的正确性,当然也展现出一个东土大唐的高僧在异域他乡所取得的辉煌成就,这是空前的,当然也是绝后的,因此玄奘在印度的声誉,已达到了极点。

大会最后一天,玄奘重新升上宝床,他称颂大乘佛教,赞佛功德,许多人因受到玄奘的鼓动,当场皈依。十八日功德圆满,皆大欢喜。戒日王对这一结果非常满意,当场施舍玄奘金钱一万贯、银钱三万贯、上等氎衣和各色法衣一百套;鸠摩罗王及其他十八位国王,纷纷慷慨解囊,都施舍了许多金银珠宝,玄奘一概不受。

按照印度古法，凡是辩论会论战获胜者，都要骑乘大象游行一周。戒日王又命侍臣装饰一头大象，象背上安设珍宝璎珞装饰的帷帐，请玄奘乘坐在上面，命贵臣陪卫，巡众唱赞，以显示大唐法师弘扬教义、所向披靡的功德。玄奘一再谦让，戒日王说："古来法尔，不可违背。"

在戒日王的坚请之下，玄奘只好乘上那头宝象在众臣陪护下游城，飘扬着锦缎缨穗的伞盖、经幡、旌旗和鸣钲作乐的盛大游行队伍，以及两旁跟着队伍，提着玄奘法师袈裟的显贵侍臣，随走随唱："大唐的法师立大乘教义，破诸异见，自十八日来无敢论者，普天下的人们都要知道啊！"

此时，会场内外万众欢腾，竞相为玄奘法师送上美名。大乘学者尊称法师为"摩诃耶那提婆"，汉译是"大乘天"。小乘教派尊称法师为"木叉提婆"，汉译是"解脱天"。众人纷纷烧香散花敬礼而去，从此玄奘法师的德音更加远扬，家喻户晓。在曲女城，由诸君臣的簇拥下乘象游城的岁月，可以说是值得玄奘一生永远缅怀的日子。

玄奘精通各派教义，凭借博闻广见，使印度大乘佛教与小乘佛教之间的理论分歧得到了会通融合，这是对当时印度佛教的突出贡献之一。

在印度的历史上，从来没有为一个外国人举行过如此盛大的庆典，而在世界的佛教史上，一个 7 世纪的大唐僧人在异国他乡能享受到如此厚重的礼遇也实属罕见。

曲女城辩论会暂告一个段落，玄奘顺利完成了戒日王赋予的使命，准备返回东土大唐。由于玄奘在赴曲女城辩论会前已决定回国，辞别了那烂陀寺苦苦挽留的诸位师友，而十九年来在印度搜集的珍贵的经卷、佛像也都准备就绪，于是郑重向戒日王辞行。戒日王虽未拒绝，又热情邀请玄奘参加另外一场无遮大会。戒日王说："弟子在钵罗耶伽国两河间设立一个大施场，每五年举办一次无遮大会，其间广宣佛法，向僧人、婆罗门及贫穷孤独的百姓布施财物，他们均可领受施物，先前举办过五次，如今弟子在钵罗耶伽国两河间设立的大施场上聚集了无数财物，准备召开第六次无遮大会。法师为何不多停留几日观看实况，等大会之后再行启程也不迟。"

玄奘随即答道："大王的所为，实在是菩萨之举啊！导人向善，福慧双修，大王尚且不吝啬财宝，玄奘岂能不随行观礼，愿与大王一同前往。"

是年的腊月二十一日，车仗人马，浩浩荡荡南渡恒河，向钵罗耶伽大施场进发。依然在阎牟那河与恒河流经此处汇合处的"大施场"上，参加曲女城辩论会的十八国国王等大众都一同前往钵罗耶伽国参加无遮大会，加上从各地赶来的沙门、婆罗门及贫困孤独者，共有五十多万。

戒日王的布施场营建在恒河北岸。他命人在沙滩上竖芦为篱，每面宽达一千多步，在其中建起几十间草堂，安置五年来积储的金银财宝、服装毛毯等施物。另外，在篱外建造食廊一百多行，每行可容千人就座进食。

鸠摩罗王的布施营建在阎牟那河南面的一片桦林中，南印度王杜鲁婆跋吒建营在合河的西岸，其他诸国王和受施者的营地则建在跋吒王的西面。

一切布置就绪，选定三月吉日良辰，戒日王与鸠摩罗王、杜鲁婆跋吒王等各国仪仗卫队齐集会场，十八国国王依次陪列。这是印度历史上空前的一次无遮盛会，各地僧俗，闻讯而至，戒日王和五印度十八位国王纷纷慷慨解囊作了施舍。

第一日，在施场草殿内安置一尊大佛像，众宝庄严，即持上妙奇珍而以奉施。

第二日，在草殿内安置"日天"像，并布施珍宝及衣服，比第一天减半。

第三日，在草殿内安置"自在天"像，布施珍宝衣服，与第二天相同。

第四日，施佛教僧徒，多达一万多人，坐满了一百行，每人施金钱百文，珠子一枚，氎衣一套，及饮食香花，供奉罢，各自散去。

第五番，施婆罗门，人数众多，二十多日才布施完。

第六番，施"外道"，十四日才布施完。

第七番，施远方来求者，十日才布施完。

第八番，施贫穷孤独者，一个月才布施遍。

按照以上顺序，无不一一施舍。等最后一天，库里五年积储的金银财宝全部施舍干净，只留下战象、马匹、兵器，用来征伐暴乱，保卫疆土。戒日王甚至连身上的王服、珠宝等饰物，全都施舍出去，一点也不吝惜。等施舍完毕，戒日王向妹妹讨来粗布衣服穿上，礼拜十方诸佛，便称扬道："乐哉！凡吾所有，已入金刚坚固藏矣。"

大会结束后，十八国国王用诸宝钱物，赎回戒日王私人物品并还给他，以示敬意。经数日，戒日王衣服及上宝等服用如故。大施会罢，各国国王和僧侣俗人，渐渐散去。

第二十四章。——

载誉归国

贞观十六年（公元642年）五月，举行完大施会，玄奘又向戒日王辞行。在戒日王苦苦挽留之下，玄奘又滞留了十多天，同时，鸠摩罗王也殷勤劝留，说："倘如法师能哀悯我们，肯留在印度，我当发誓建造一百座佛教寺院供养法师。"

　　玄奘见诸王盛情挽留，苦言相告，说："东土大唐离此路途遥远，于佛理虽略沾梗概，不能具悉原委，为此我才来殊域异邦访求。如今所以如愿，都是本土诸贤哲思慕深切之所致，因此不敢片刻忘怀。佛经曾宣示谁阻碍别人求法，以后世世代代会成为盲人，你们挽留我，让大唐黎民得不到接受佛法的机会。就不怕后代盲目的报应吗？"诸王见玄奘的意志坚如钢铁，戒日王这才答应让玄奘回国。

　　戒日王原本打算派人护送玄奘取道海路回国，但玄奘为了信守与高昌王麴文泰多年前的约定，宁舍近求远，取道北路，翻雪山，涉流沙，回归中原的途中再访问高昌国，以履行他们之间当年的约定和一路相送的盛情。

　　临行前，二王争相馈送大量金银珍宝和路上所需的财物，略表心意，玄奘一概不受。只受了鸠摩罗王送的曷剌厘帔（即粗毛织成的披风），用于途中遮挡风雪。于是珍重告别，二王和诸众恋恋不舍，一程又一程地送出去几十里外还不舍得回去。在将要分手之际，都哽咽得不能自已。玄奘把回国所带的典籍佛像放在北印度王乌地的军马上，向西北渐进。戒日王敬佩玄奘的为人清廉，见他分文不取，拨交给乌地王大象一头、金钱三千、银钱一万，供玄奘行旅之用。

　　孰料，玄奘走了三天后，戒日王日夜思念不已，寝食难安，知道此次离别，再见一面比登天还难，便伙同鸠摩罗王、跋吒王等人，各率数百轻骑，疾驰一天一夜，赶来再次与玄奘送别。相见之下，彼此感动不已，辞意殷切，让玄奘心潮澎湃，热泪盈眶。戒日王加派四个叫摩诃怛罗的骑尉，用素帛作书，红泥封印，写给一路所经诸国，请他们倒换关牒，发骑递送，一直到中国边境为止。这与玄奘西行之初孑然一人孤独跋涉相较，霄壤之别。

　　此时已是公元643年，玄奘携带着大量的佛经、佛像、佛舍利以及一些奇花异草的种子，这支规模不小的队伍，声势浩大地一路东行。有戒日王和其他古印度国王的一路关照，东行途中异常顺利。

　　自发钵逻耶伽国的西南方向的大林野中，前行五百多里，经憍赏弥国（古印度十六大国之一）。继续与乌地王朝着西北前行，一个多月，历经数国。

　　到达毗罗删拿国的都城后，遇到同学师子光、师子月，他们在此处开讲《俱舍论》《摄论》《唯识论》等佛典，都跑过来欢迎玄奘。玄奘在两位同学的邀请下，又开讲《瑜伽论》《抉择论》及《对法论》等，两月讲罢才离开。

　　又向西北前行一个多月，途经数国，到达阇兰达国，此为北印度王都。玄奘一行受到乌地王的热情款待，坚持挽留玄奘，以尽地主之谊，于是，玄奘一行便停留一个多月。临行时，乌地王派人护送玄奘西行二十多日，到达僧诃补罗国。这里有一百多名北方僧人，也携带经像等随同玄奘法师一起东回。他们在山涧丛林中行走了二十多日，这一带地形险恶，常有匪盗出没。玄奘西行求法路经此地时，曾遭遇过强盗的洗劫，藏匿在水池里躲过一劫。为避免意外，玄奘常常派遣僧人打前站，若遇到强盗，就叫他说："我们是远来求法的僧人，所携带的只是诸如经书、佛像和舍利等不值钱的东西，请你们放行，不要起异心。"这一招果然奏效，东行路上虽偶遇数起强盗，但没有受到滋扰。

行走了二十多日，到达咀叉尸罗国，该国东北五十多里处，是迦湿弥罗国。玄奘西行印度的途中，曾在此国逗留说法，国王听说玄奘即将临近本国的消息，特派专使请玄奘故地重游，玄奘以象行辎重过于庞大为由予以婉拒。在边境驻留七日，又朝西北方向前行三日，当他们渡五六里宽的信度河（印度河）时，发生了意外。

古印度有个传说，凡是有人打算将印度特产的奇花异草的种子偷渡出国，都会在信度河上翻船。玄奘事先不知道这个传说，同伴带佛经佛像用船渡河，玄奘乘坐大象涉水而过。另外，玄奘派遣一人在船上看守经卷及采集到的印度特产奇花异草的种子，船将要行驶到河心时，忽然狂风大作，船身摇晃不已，屡次险些沉没，负责看守经书的人失足落水，待众人搭救上来，好不容易渡过信度河，在检点经物时，发现丢失了五十多本经书和所有奇花异草的种子，其余幸得保全，然而有些已经被水打湿了，玄奘不得不铺展在岸上晾晒经书。

这时，在乌铎伽汉荼城里的伽毕试王，闻听玄奘取经东还于此时，亲自到信度河边恭候，迎玄奘回城，在一寺中寄住了五十多天，协助补抄五十多本丢失的佛经；又遣人到乌仗那国抄录《迦叶臂耶部》三藏佛典，乃补全所有遗失经本。此间，迦湿弥罗国王听说玄奘将至，不顾路途遥远，亲自前来参拜，一连畅谈数日方归。

玄奘和伽毕试王一路相随向西北行走一个多月，到达兰波境内（今阿富汗的喀布尔以北）。国王遣太子先去通知国人及僧众盛设幢幡出城迎候，自己和玄奘缓辔而行。抵达都城时，数千名僧俗出城恭候，把玄奘安置在一座寺中居住。国王闻听戒日王在曲女城举行了无遮大会，为了表示对玄奘的敬意，特意举行七十五日无遮大施。

临行时，国王亲自护送玄奘出境，在东境又特意为玄奘举行了七天大施会，到达瞿卢萨谤城，国王才依依惜别，向北出发。国王派遣一大臣率领一百余人，护送玄奘翻越兴都库什大雪山。爬行了七日，才到达山顶。山顶上重峦叠嶂，参差万千，舍弃马匹，策杖而行。又行七日，到达另一座山岭，岭下住着一个上百户的村子，养着"羊"，"羊"大如驴。这天夜里暂住该村，半夜出发，让村里人乘着山驼引路。这里到处是冰河雪穴，稍有不慎，便失足坠落于冰雪之中。天亮才越过这座冰山，检点人数时发现，玄奘一行只剩下七名僧人和脚夫等二十余人，一头象，十头骡，四匹马。

翌日下到岭底，途中又有一座山岭挡住去路，但见栈道盘云，高峰蔽日，远望如雪，走到近前，原来是白石。此岭最高，虽云结雪飞，莫至其表。大家爬了一天，直到太阳落山时分，才到达山顶。登上山顶，感觉寒风刺骨，一行人几乎没有能够直立行走的。举目四望，不见卉木，只有积石累累，危峰岌岌，山高风急，鸟儿都不能飞过。这是赡部洲中最高的一座山岭，所有诸山，无出其右。

玄奘一行下了雪山，向西北行走了数里，发现一块小平地，见天色已晚，便在此支起帐篷过夜。东方欲晓时动身前行，走了五六天才下山，到达安怛罗缚婆国（今卡瓦克山口以西的印达拉布）。该国有佛寺三所，僧众数十名，都遵奉修习大部众佛法。玄奘在此停留五日后，沿着西北方向进入谷逾岭行走四百多里，达到阔悉多国后又朝着西北方向前行三百多里，到达活国，以上三国都是睹货逻国的故地。其都城在河的南岸，叶护可汗孙，在睹货逻称王，自封叶护可汗。听说玄奘到来的消息，迎接到宫廷中，热情款待一月。临行时，叶护遣人护送玄奘。玄奘和商人一同东行，两天至瞢健国。其旁又经阿利尼国、曷逻胡国、讫栗瑟摩国、钵利曷国，都是睹货逻的故地。

从钵利曷国向东前行入山三百余里，到达呬摩怛罗国，也是睹货逻的故地。边境与突厥相邻，风俗也受到影响，又被它侵夺，独立守卫国土，故此国人流离失所，数十座坚固的城市，各自为政，西邻讫栗摩国。东行二百余里，至钵创那国，也是睹货逻的故地，因天寒大雪，被阻一个多月。

第二十五章 ——

归国险阻

从此进入葱岭，朝东南前行二百多里，到达淫薄健国（今阿富汗哲尔姆一带）。从该国向东南前行三百多里，逾岭越谷，到达屈浪拿国（今阿富汗东北部科恰河上游一带）。又从此向东北方向行走五百多里，登山入谷，至达摩悉铁帝国（即今阿富汗东北部的瓦罕走廊一带），其国夹杂在两山之间，东西长一千五六百里，南北宽四五里，狭窄处不超过一里。濒临缚刍河，国都为昏驮多城。多出善马，形虽小而耐驰涉。国人衣服毡褐，眼多碧绿，异于诸国。寺庙十多所，僧徒寡少。

越过此国的大山北面，达到户弃尼国，文字与睹货逻国相同，语言方面存有差异。又越过达摩悉铁帝国，到达商弥国（今巴基斯坦北部的奇特拉尔和马斯图吉之间）。国人性情淳厚质朴，俗无礼仪，智谋寡狭。但从之向善，莫不淳信。从这里又往东山前行七百多里，到达波迷罗川（今帕米尔）。该国东西长一千多里，南北宽一百多里，最狭隘之处不到十里，两座雪山之间，寒风凛冽，春夏飞雪，昼夜飘风，播植不滋，草木稀少，人迹罕见。川中有一个大龙池，东西长三百多里，南北宽五十多里，当赡部洲中，地势高凸，池水澄清，皎洁如镜，水族潜伏，喧嚣纷乱；诸鸟大卵，遗落在荒野间，或草泽间，或沙渚上。池西派生出一支大流，向西经达摩悉铁帝国东界，与缚刍河汇合后向西流去，故此以右，水都是向西流动。池东派生出另一支大流，向东北方向经佉沙国西界，与徙多河汇合后向东流去，故此以左，水都是向东流淌。川南山外有钵露罗国，多产金银，金色如火。

从此川东南，登山履险，行走五百多里，到达揭盘陀国（今新疆维吾尔自治区塔什库尔干地区）。都城基大石岭，北背徙多河，相传此河东流入盐泽，潜流地下，出积石山，为黄河正源。该国国王淳厚质朴，敬重三宝，建国多年。故宫有故尊者童受论师寺。尊者是呾又始罗国人，幼而颖悟，早离俗尘，游心典籍，栖神玄旨，日诵三万二千言，兼书三万二千字。故能学冠时彦，名高当世，立正法，摧邪见，高论清举，无难不酬，五印度国咸见推高。是时东有马鸣，南有提婆，西有龙树，北有童受，号为四日照世。玄奘在此停留二十多日，巡礼了诸多遗迹，继续向东北前行。

又向东行走五天，忽然遇到一群强盗，众人惊恐登山，大象受惊，溺水而死。贼过后，玄奘与商人渐进东下，冒寒履险，前行八百多里，出了葱岭至乌铩国（今新疆维吾尔自治区莎车县）。从此向北行走五百多里，到达佉沙国（今新疆维吾尔自治区疏勒县）。又向东南方向行走五百多里，渡过徙多河，越过大沙岭，到达斫句迦国（今新疆维吾尔自治区叶城县），此国大乘经典部数尤多，佛法至处，莫斯为盛也，十万颂为一部，共有十几部。从这里向东翻岭越谷，行走八百多里便到达瞿萨旦那国（华言地乳，旧称于阗），地多产白玉黳玉，气序和畅，飘风飞埃。其王骁勇善武，敬重佛法，自云毗沙门天之祚胤也。

玄奘进入瞿萨旦那国境，到达勃伽夷城，停留七日，于阗王亲自前来迎接。第三天玄奘动身，于阗王先回都城，留下王子陪侍玄奘。玄奘行程两天，于阗王又派遣达官前来迎接，在距离城四十里处歇息住宿。翌日，国王率领僧俗人众，乐队奏乐、众人手持鲜花在路旁迎候，他们把玄奘迎进城里，安置在小城萨婆多寺内。于阗王坚请玄奘留住说法，玄奘在瞿萨旦那国开讲《瑜伽论》《对法论》《俱舍论》《摄大乘论》，一月四遍，听者千余人。

玄奘准备从于阗境的勃伽夷城到高昌国，找麴文泰报恩，但有一位高昌名叫马玄智的商人告知他，高昌已被唐太宗所灭，而麴文泰也已不在人世，长眠于九泉之下。

原来，高昌国强大以后，麴文泰和西突厥联合起来，进攻唐朝的伊州，阻断了丝绸之路西域段。贞观十三年（公元639年）冬，唐太宗派遣侯君集、薛万均、契苾何力等大将征伐高昌国。公元640年，军队到达碛口时，麴文泰惊惧而病死。大唐吞并高昌后，在此设置高昌县。

玄奘暗拭泪水，仿佛看到了高昌国上空还未散去的硝烟战火，遂中止了履行去高昌国居住三年为国人讲法的诺言，决定从天山南路直接取道返回长安。玄奘一面为于阗王的殷切挽留未能成行，一面因大象溺死，失落经本，便派人到曲支、疏勒一带访求。

当初，玄奘西行求法时是违禁出境，今虽载誉而归，还怕大唐朝廷降罪于他。思忖再三，决定修表一通，先派马玄智随商队前往长安上表，代为陈述玄奘私往印度求取真经，历览周游一十七载，今到达于阗待命。

玄奘往以佛兴西域，遗教东传，然则胜典虽来而圆宗尚阙，常思访学，无顾身命。遂以贞观三年四月，冒越宪章，私往天竺。践流沙之漫漫，陟雪岭之巍巍，铁门嶮峻之涂，热海波涛之路。始自长安神邑，终于王舍新城，中间所经五万余里，虽风俗千别，艰危万重，而凭恃天威，所至无鲠，仍蒙厚礼，身不辛苦，心愿获从。遂得观耆阇崛山，礼菩提之树；见不见迹，闻未闻经。穷宇宙之灵奇，尽阴阳之化育；宣皇风之德泽，发殊俗之钦思。历览周游，一十七载。今已从钵罗耶伽国，经迦毕试境，越葱岭，渡波谜罗川，归还达于阗。为所将大象溺死，经本众多，

未得鞍乘。以是少停，不获奔驰，早谒轩陛。无任延仰之至，
谨遣高昌俗人马玄智，随商侣奉表先闻。

于是，马玄智带着玄奘撰写好的修表，不日来到大唐长安，递
交中书省，上呈唐太宗李世民。

唐太宗李世民获悉名满天下的玄奘法师取得经像后，载誉归来，
大为高兴，非但没有问罪于他，反而立刻派人到于阗恭迎慰劳，并
叮嘱把懂晓梵语和经义的僧人一同带来；同时勒令沿途西域各国悉
心护送，尽快让玄奘返回长安与自己晤面，并安排各地官员随时准
备迎接。

玄奘在于阗待命七八个月之后，才接到唐太宗的敕命。

闻师访道殊域，今得归还，欢喜无量，可即速来，与朕相见。
其国僧解梵语及经义者，亦任将来。朕已敕于阗等道，使诸国
送师，人力鞍乘，应不少乏。令敦煌官司，于流沙迎接，鄯善
于沮沫迎接。

玄奘得敕，犹如拨云见日，压抑已久的心情顿时豁然开朗。
他早已归心似箭，当即辞别于阗国王，向东进发。东行三百余里，
到了一处数十顷地的大荒泽中，玄奘举目四望，只见杂草丛生，景
象荒凉，土色红黑。护送的于阗国人告诉他："从前东方之国驱师
百万来犯，时瞿萨旦那王也率十万兵马御敌，西军失利，遭致全军
覆没，将士的鲜血染透大地，其迹犹存。"

离开战地东行三十余里，到达媲摩城（今新疆维吾尔自治区策
勒北），城中有一尊檀木雕刻的立佛像，高达两丈多，雕刻生动活泼，
具有犍陀罗风格。据说此像非常灵验，不时会放出光明。玄奘特意
逗留，前往参观一番。

从媲摩城东面进入大沙漠，莫贺延碛相较，实为小巫，聚散随风，风动沙流，地无水草，据传多热风鬼魅之患，人行无迹，遂多迷路，往来者望人畜遗骸以为标志。玄奘一行，硗确难涉，逶迤而行，其困难程度之大可想而知。

又行四百余里，到达睹货逻故国（今喀拉米兰河北岸一带），其国空旷，城垣皆荒芜不堪。从此东行六百多里，到达折摩驮那故国（旧称沮沫，即今且末），该国城郭岿然，人烟断绝。又东北行一千多里到达纳缚波国（唐朝时的楼兰国，汉时的鄯善，今天的若羌县）。

这时，鄯善国王奉唐太宗之命，在边境上迎接玄奘一行。玄奘目及之处，城垣残破，市井萧条，心中嗟叹不已，东归的喜悦心情减弱几分。在地方官员的护送下，过了罗布泊，又经过大沙漠，玉门关便远远地耸立在眼前了。近乡情更怯，马背上的玄奘望着越来越近的玉门关，心潮澎湃，激动的泪水顿时溢满了眼眶。载誉而归的玄奘去国怀乡十余载后，终于又回到故国的怀抱了。

第二十六章 · ——入京盛况

入了玉门关，玄奘换了鞍乘，载了佛经佛像，让完成使命的于阗使臣回去交差了。

　　到了沙洲，玄奘又附表报告行踪，听候朝廷发落。当时唐太宗李世民在洛阳宫，欲亲征高丽，知道玄奘将至的消息后，便敕令西京留守左仆射梁国公房玄龄派官员迎接。玄奘得知唐太宗欲东征高丽，怕迟缓了时间见不上圣面，于是昼夜兼程前进，终至长安城西的漕河边上。自贞观元年八月启程，至此西游首尾历时十九年，行程两万多公里，穿越大小一百一十个古国或地区，时玄奘四十四岁。玄奘一生是一部罕见的传奇。

　　玄奘归心似箭，负责接待的官员来不及准备迎接，仪仗来不及陈设，但玄奘法师西天取经的消息，早已在长安城内的大街小巷风传开来。大唐开国迄今二十八年来，百姓第一次为一个西天取经的僧人而奔走相告，第一次不是因为战争的胜利而狂欢。城里百姓闻风而动，自发赶来，万人空巷，以争睹西天取经的法师风采。人多路窄，使玄奘一行人马无法通行，当晚只好暂住于漕河岸边。

　　贞观十九年（公元645年）二月八日，西京留守左仆射梁国公房玄龄听说玄奘载经像至，乃遣右武侯大将军侯莫、陈实，雍州司马李叔慎，长安县令李乾佑等前去迎接，玄奘在漕河整队进入长安城，入住在朱雀街的都亭驿。同时通告各个寺院做好迎接准备，护送经像到弘福寺安置，人人欢欣踊跃，争相装扮得讲究美观。翌日一早，在朱雀街南隆重集会，数百件帐、舆、华、幡等排列整齐，即以安置法师于西域所得如来肉舍利一百五十粒；拟摩揭陀国前正觉山龙窟留影金佛像一躯，通光座高三尺三寸；拟婆罗疤斯国鹿野苑初转法轮像刻檀佛像一躯，通光座高三尺五寸；拟憍赏弥国出爱王思慕如来刻檀写真像刻檀佛像一躯，通光座高二尺九寸；拟劫比他国如来自天宫下降宝阶像银佛像一躯，通光座高四尺；拟摩揭陀国鹫峰山说法花等经像金佛像一躯，通光座高三尺五寸；拟那揭罗曷国伏毒龙所留影像刻檀佛像一躯，通光座高尺有五寸；拟吠舍厘国巡城行化刻檀像等。

又安置法师从中亚、印巴次大陆所得佛经有：

大乘经二百二十四部

大乘论一百九十二部

上座部经律论一十五部

大众部经律论一十五部

三弥底部经律论一十五部

弥沙塞部经律论二十二部

迦叶臂耶部经律论一十七部

法密部经律论四十二部

说一切有部经律论六十七部

因论三十六部

声论一十三部

以上佛经总共五百二十夹，六百五十七部。用二十匹马装载。玄奘带回中国的经卷，为当时唐朝注入一股正法兴教的活力，更为以后大乘教的传布，奠定了基础。玄奘对推动中国佛教事业的发展，功不可没。

当日，长安县令李乾佑命令长安诸寺，把一切宝帐、幢、幡等供养之具，一起集中，准备迎送佛经佛像进弘福寺安置。贞观十九年（公元 645 年）正月二十八日这一天，幡帐幢盖，宝案宝舆，极尽富丽堂皇之能事。各寺院僧尼穿戴整齐，前奏梵乐，后陈香炉，环佩流音，金华散彩。从朱雀街到弘福寺，数十里间，长安官吏、百姓竞相会聚于道路两旁瞻仰，焚香诵经者络绎不绝，真可谓挥汗成雨、挥袖成云。官府怕引起骚动，传令约束观众，各自在当地焚香散花，不得擅自移动。即便如此，场面仍沸反盈天，盛况空前。

将佛经、佛像在弘福寺安置完毕，玄奘便昼夜兼程，向洛阳进发，前去拜谒唐太宗。二月乙亥，唐太宗在仪鸾殿接见了玄奘，太宗对他予以殷勤的慰劳和欢迎。赐座后，唐太宗先问道："法师西行取经，为何不向朕报告呢？"

玄奘谢罪说："贫僧当时为西行之事，曾再三向朝廷上奏，只是愿力微薄，未能获得批准。只因求法慕道心切，所以才私自出关，这完全是我个人的违法行为，深感惭惧。"

唐太宗问得厉害，玄奘回答得既诚恳，又巧妙。可谓寓攻守于无形之中，藏玄机于片言之间。

唐太宗说："法师出家已和尘俗脱离，但能舍身求法，以惠利苍生，朕极为赞许，法师不必愧疚。"

随后，唐太宗话锋一转，把交谈的重心转移到西行上来，问道："朕好奇的是，那么遥远的路途，当中要经过风俗完全不同的地区，法师您是怎么到达西天的呢？"

玄奘从侧面把唐太宗又夸赞了一番："我听说乘疾风者，造天池而非远；御龙舟者，涉江波而不难。自陛下握乾符，清四海，德笼九域，仁被八区，淳风扇炎景之南，圣威镇葱山之外，所以戎夷君长，每见云翔之鸟自东来者，犹疑发于上国，敛躬而敬之，况玄奘圆首方足，亲承育化者也。既赖天威，故得往还无难。"

唐太宗马上谦虚道："哎呀，这只不过是法师的长者厚道之言，朕哪里敢当。"

随后，唐太宗向玄奘详细询问了西域各国的状况，从葱岭以西，直到五印度各国气候、物产、风俗、人情、历代国王的所在地、佛教遗迹，所经沙漠戈壁、冰川雪岭、铁门天险，以及汉朝张骞未到、班固未及的地方。由于玄奘亲身游历了这些地方，加之博闻强识，见多识广，因而对太宗的问询，一一酬答，有条不紊。

在玄奘徐缓有序的讲述中，唐太宗有种身临其境之感，忍不住赞叹道："法师词论典雅，风节贞峻，不仅是面对古人丝毫没有愧色，实际上要超出古人很多很多。"

这时，唐玄宗身边重臣长孙无忌见唐太宗与玄奘相谈甚欢，于是不失时机站出来，插言说："诚如圣旨。臣尝读《三十国春秋》，见叙安事，实是高行博物之僧。但彼时佛法来近，经、论未多，虽有钻研，盖其条叶，非如法师躬窥净域，讨众妙之源，究泥洹之迹者矣。"

对长孙无忌的话，唐太宗深表赞同，接着又对玄奘提出了更高的要求："印度这个佛国离我们国家十分遥远，那里的灵迹、法教，我们已有的记载并不详尽。法师既然已经亲自目睹过，何不把它们写出来，让没去过的人也了解这些情况呢。"

对于唐太宗的要求，玄奘当然不能拒绝，况且还有长孙无忌的暗示。这就是后来由玄奘口述、弟子辩机笔录完成的旷世巨著《大唐西域记》。这是一部有关西域各国和古代印度的百科全书，其历史意义和影响，远远超越了唐太宗出于现实的需要。

唐太宗细察玄奘词论典雅，风节贞峻，具有宰辅之才，且为中印两国人民所爱戴，殷切劝他还俗做官，襄理政务。玄奘婉言谢绝，说道："贫僧从小进入释门，皈依佛门，不知道有什么孔教。如今让我还俗，无异舟行陆地，不仅起不到作用，而且只能使它变成朽木。

希望终身翻译佛经，弘扬佛法，以广流传，兼以报答国恩，这是玄奘今生最大的愿望。"

连唐太宗也不得不感叹："出家乃大丈夫之举，非王侯将相所能为之！"太宗见玄奘固辞乃止。

时值天下兵马，纷纷云集洛阳，唐太宗欲亲麾大军征伐东辽，军务繁忙紧迫，听说玄奘前来，才抽暇引入朝廷，本想只作短暂会见，不觉间已日影西斜。赵国公长孙无忌启奏道："法师在鸿胪寺住宿，天晚恐怕赶不回去了。"

唐太宗聊兴未尽地说："匆匆意犹未尽，意欲共师东行，一路省方观俗，指麾之外，还可清谈小叙。法师意下如何？"

作为一名僧人，亲自踏上刀兵杀伐之地显然是有违佛意的，玄奘又拒绝道："贫僧刚从西天归来，兼有寒病旧疾，恐怕不能陪驾。"

唐太宗心有不甘地说："法师尚能孤游于绝域，现今此行与法师西行万里相比，不过是一小跬步而已，这不是推辞的理由啊！"

玄奘答道："陛下东征，六军奉卫，伐乱国，诛贼臣，必有牧野之功，昆阳之捷。贫僧自度，终无裨助行阵之效，虚负途路费损之惭。加以兵戎战斗，照佛门戒律，出家人不便观看。既佛有此言，不敢不奉。还请陛下谅解，贫僧幸甚。"

见玄奘言辞恳切，唐太宗才打消此意。随后说："法师唐梵具瞻，词理通敏，将恐徒扬仄陋，终亏圣曲。"

玄奘又趁机向唐太宗请奏道："贫僧从西域带回梵本佛经六百多部，至今一言未译，接下来还有繁重的工作要做，将这些佛经逐一翻译成汉文。听说嵩岳之南、少室山北有少林寺，远离红尘，环境清幽，是后魏孝文皇帝所建，也是菩提留支三藏译经的地方。玄奘希望能在那里潜心翻译佛经，以报效朝廷之恩，请陛下敕旨。"

唐太宗听了，直摇头说："不须在深山译经，自从法师西行之后，朕已在京师兴建弘福寺，专为三藏经典而建，也以此功德为先母穆太后祈福。禅院幽深虚静，法师大可安心翻译。"

玄奘又说："百姓无知，见到玄奘从西方来，妄相观看，遂成闹市，不但影响秩序，还会妨碍法事，请派人加强门卫，以免出什么乱子。"

唐太宗对玄奘说："法师此意可谓保身之言也，朕要妥当安排。法师可在这里休息三五天，还京就弘福寺安置。诸凡一切所需，可通过房玄龄商量办理。"

玄奘大喜过望，稽首称谢而出。

第二十七章。——

呕心沥血

贞观十九年三月一日,玄奘从洛阳返回长安,在唐太宗的支持下,入居弘福寺,决心献身于大唐佛教的翻译事业,并着手选派谙解经义、富识渊博的各方大德组织译场,乃条疏所须证义、缀文、笔受、书手、参译、刊定、润文、梵呗等人力,襄助分工合作之效。

经过深思熟虑,玄奘以申京城留守左仆射梁国公房玄龄,房玄龄遣所司具状发使定州行在启奏,唐太宗李世民下旨:"依所须供给,务使周备。"

是年六月二日,在国内征集十二位明僧,作为证义,他们都是谙解大小乘经论,为时辈所推重,名单如下:

京弘福寺沙门灵润、沙门文备
罗汉寺沙门慧贵
实际寺沙门明琰
宝昌寺沙门法祥
静法寺沙门普贤
法海寺沙门神昉
廓州法讲寺沙门道琛
汴州演觉寺沙门玄忠
蒲州普救寺沙门神泰
绵州振响寺沙门敬明
益州多宝寺沙门道因

又征集缀文方面翻译名僧九人，名单如下：

京师普光寺沙门栖玄

弘福寺沙门明璿

会昌寺沙门辩机

终南山丰德寺沙门道宣

简州福聚寺沙门静迈

蒲州普救寺沙门行友

栖岩寺沙门道卓

幽州昭仁寺沙门慧立

洛州天宫寺沙门玄则

又有字学大德一人至，即：

京大总持寺沙门玄应

又有证梵语、梵文大德一人至，即：

京大兴善寺沙门玄谟

这二十三人，便是玄奘译场上的核心组织成员。此外，笔受、书手，所司供料等并至。译经规模之大、人才之盛，真可谓空前绝后。一批优秀的译经助手确定后，玄奘便开始在长安弘福寺布置译场。

等确定好翻译组织工作后，在翻译方法上不得不引起玄奘的足够重视。在总结几百年来的翻译经验后，玄奘无法忍受从中删减，主张直译。据史料记载，一部佛经从梵文翻译成汉文，竟然有数十道工序。分工之缜密精细，翻译之严谨，实在令人敬佩不已。而精通梵文和汉文两门语言的玄奘，则理所应当地担任整个译场的主持。

七月一日，举行完译经仪式后，玄奘手持贝叶经本，开演梵文，开始翻译《菩萨藏经》《佛地经》《六门陀罗尼经》《显扬圣教经》四部经论。其中，《六门陀罗尼经》当日译完，《佛地经》十五日译完，《菩萨藏经》《显扬圣教经》到年底才译完。

译经工作进展顺利，贞观二十年（公元 646 年）正月一日，又译大乘《阿毗达摩杂集论》，至二月译完。又开始译《瑜伽师地论》一百卷。这部经论和玄奘晚年所译的二百卷《大毗婆娑论》和六百卷的《大般若经》，是法师翻译事业中最伟大的硕果。

星空下，长安城沉寂在睡梦之中，但有一处佛寺，昼夜灯火辉煌。因《瑜伽师地论》篇幅较长，玄奘在翻译此论期间，还在深夜加班，开始口述十九年西天取经的经历，由弟子辩机记录，完成了《大唐西域记》十二卷。

游记以玄奘的旅行路线为经，地理的叙述为纬，综述了他所亲历一百一十个及传闻的二十八个城邦、地区、国家之概况，有疆域、气候、山川、风土、人情、语言、宗教、佛寺以及大量的历史传说、神话故事等，涉及的内容十分广泛。它一方面是玄奘的西域记行，另一方面也是唐代的世界地理志。《大唐西域记》为研究中古时期中亚、南亚诸国的历史、地理、宗教、文化和中西交通提供了非常珍贵的资料，也是研究佛教史学、佛教遗迹的重要文献。

随着时光的流逝，《大唐西域记》越来越凸显出它巨大的史料价值。众所周知，古印度曾创造出灿烂的文化，在哲学、佛学、自然科学等方面造诣很高。如要认真研究印度古代史，就要借助他人的记载。这方面，《大唐西域记》处于首选之列。书中，玄奘亲践了一百一十个国家，听闻了二十八邦，成为此时对印度社会和历史最为详尽的记载。书中关于印度那烂陀寺的废墟、王舍城的旧址、鹿野苑古刹、阿旃陀石窟的记载，对历史而言留下不可磨灭的功绩。

七月一日，玄奘新译经论现已完成五部，此前在洛阳进见时，唐太宗敕修的《大唐西域记》，这时业已完成，便一起呈给已回到长安的唐太宗，同时上书，恳请唐太宗为所译经论作序。

> 所闻所履百有二十八国。窃以章亥之所践藉，空陈广袤；夸父之所凌厉，无述土风；班超侯而未远，张骞望而非博；今所记述，有异前闻，虽未极大千之疆，颇穷葱外之境，皆存实录，匪敢雕华。谨具编裁，称为《大唐西域记》，凡一十二卷，缮写如别。望班之右笔，饰以左言，掩博物于晋臣，广九丘于皇代。但玄奘资识浅短，遗漏寔多，兼拙于笔语，恐无足观览。

表至，太宗甚喜，亲自批示。

> 省书具悉来意。法师凤摽高行。早出尘表。泛宝舟而登彼岸。搜妙道而辟法门。弘阐大猷。荡涤众罪。是故慈云欲卷舒之荫四空。慧日将昏朗之照八极。舒朗之者其唯法师乎。朕学浅心拙。在物犹迷。况佛教幽微。岂孰能仰测。请为经题。非己所闻。又云新撰西域记者。当自披览。

同时，唐太宗又敕令玄奘把中国的哲学著作《老子》翻译为梵文，介绍给印度。玄奘与道教徒蔡晃、玄成英，往复参议，切磋研究，"穷其义类，得其旨理，方为译之"。玄奘又把印度失传的《大乘起信论》，由汉文翻译成梵文，妥善地保存了印度古代佛教哲学经典。

贞观二十二年，唐太宗驾临玉华宫。夏五月，玄奘译完《瑜伽师地论》一百卷。六月，唐太宗敕令玄奘赴坊州宜君县凤凰谷玉华宫。途中几次遣使者，让玄奘缓行，免得劳累损伤身体。玄奘在玉华殿谒见了刚从疆场上归还的唐太宗，相见甚欢。此次，唐太宗已蓄逼劝玄奘共参朝政之念，说："意欲法师脱须菩提之染服。挂维摩诘之素衣。升铉路以陈谟。坐槐庭而论道。于意何如？"

玄奘很得体地回答道："仰惟陛下上智之君，一人纪纲，万事自得其绪。"

唐太宗才知道玄奘弘扬译法的志向不可夺，允以支持；又询问翻译《瑜伽师地论》的事，玄奘讲述了大意，即遣使赴京取其论本，欲亲自详览。览论罢，谓侍臣说："朕观佛经，譬犹瞻天望海，莫测高深。法师能于异域，得是深法，朕比以军国务殷，不及委寻佛教。而今观之，宗源杳旷，靡知涯际。其儒道九流比之，犹汀滢之池方溟渤耳。而世云三教齐致，此妄谈也。"因敕所司简秘书省书手写新翻经论九本，分赠给雍、洛、并、相、荆、杨、凉、益等九州辗转流通，使其得以珍重收藏，并让全国吏民同沾雨露，共闻未闻之义。

至此，玄奘又固执地邀请唐太宗为《瑜伽师地论》作序。

七月十三日，唐太宗赐玄奘袈裟一领和剃刀一口。袈裟价值百金，为后宫花费几年时间精心缝制而成，其工艺巧夺天工，甚至连针线的痕迹都看不出来。可见唐太宗对法师的一片诚意，也只有奘师这样的盛德，方能领受。

于是，玄奘撰文表称谢词。

> 沙门玄奘，伏奉敕赐纳袈裟一领，剃刀一口，殊命荐臻，宠灵隆赫，恭对惶悚，如履春冰。玄奘幸遭邕穆之化，早预息心之侣，三业无纪，四恩靡答。谬回天眷，滥叨云泽。忍辱之服，彩合流霞，智慧之刀，铦逾切玉。谨当衣以降烦恼之魔，佩以断尘劳之网。起余讥于彼己，惧空疏于冒荣，惭恧屏营，趑承俯偻，鞠心局踏，精爽飞越，不任悚荷之至。谨奉表谢闻，尘黩圣鉴，伏深战栗。

第二十八章。———— 新经赐序

玄奘万里孤征、九死一生求取真经并全力以赴从事佛经翻译和佛学研究，受到唐太宗李世民的高度赞扬。唐太宗本来答应过玄奘，为其新译经论作序，由于国务繁忙，无暇措意，至此玄奘重申此意，乃落笔成篇，即有名的《大唐三藏圣教序》，凡七百八十一字，神笔自写，敕贯众经之首。帝居庆福殿，百官侍卫，命法师坐，使弘文馆学士上官仪以所制序文向百官朗诵道。

　　在此文中，唐太宗以简练而生动的语言，先介绍了佛教来源于"西土"，像梦一样照耀着东土大唐，接着，把佛教的传播者玄奘引了出来。玄奘法师作为佛门领袖，幼时就能明白"三空"的教义，长大后，他总是坚持包括"四忍"境界的佛门修行，为了"截伪续真，开兹后学"，才独身一人"杖策孤征"远赴西域求取真经。途中困难险阻，"积雪晨飞，途闲失地；惊砂夕起，空外迷天"。他游历西域各国十七年，遍访高僧大德、解疑释惑，此外，还大量搜集吸取了三藏主要著作六百五十七部。返回大唐后，把三藏著作译成汉文后，在中原广为传播，从此这宏大的功业得以宣扬。该文高度评价了玄奘西行求法的壮举，也充分肯定了玄奘翻译佛经和弘扬佛法的崇高品德。

　　玄奘接受《圣教序》文，怀着感激的心情也撰文以表谢词。他表启上奏的当日，唐太宗下敕颇为谦虚地说，朕的才能不如圭璋玉质珍贵，言辞不能博闻通达。至于佛教典籍，自己尤其不熟悉。昨天所写的序文，非常拙劣，唯恐自己的笔墨将金简污秽，自己的言辞像瓦砾那样混入珍珠之林。忽然收到玄奘法师的来信，受到不适当的褒扬赞颂……

玄奘接到唐太宗的敕谕后，又上表致谢。唐太宗下敕说，朕躬身思虑反省，更加觉得没有颜面。我的序文不值得称颂赞美，空劳法师来信致谢。

不久，太子（唐高宗）李治见到父皇唐太宗为玄奘所译佛经撰写的《大唐三藏圣教序》，亦为玄奘撰写《述圣记》，对玄奘西行取法的精神进行颂扬时，也阐述了自己的观点。他认为，佛的法性凝定静寂，没有归心于佛法是不能沟通的；佛的智慧玄奥，只要诚恳感应便能显现明通。没有想到，在昏暗之夜，点燃了智慧火炬之光；在家宅着火时，降下佛法甘雨。于是，百条江河虽然流向不同，都在大海中汇合；万类事物义理不同，都是成就真理的实际。

长安弘福寺译经堂，玄奘手捧着太子李治所做的《述圣记》，铺纸执笔向太子上表启谢。

　　玄奘闻七曜摛光，凭高天而散景。九河洒润，因厚地以通流。是知相资之美，处物既然，演法依人，理在无惑。伏惟皇太子殿下，发挥睿藻，再述天文，赞美大乘，庄严实相。珠回玉转，霞烂锦舒。将日月而联华，与成英而合韵。玄奘轻生，多幸沐浴殊私，不任铭佩。奉启陈谢。谨启。

太子李治收到玄奘的回书，随之降书法师。

　　治素无才学，性不聪敏。内典诸文，殊未观览。所作论序，鄙拙尤繁。忽见来书，褒扬赞述。抚躬自省，惭悚交并。劳师等远臻，深以为愧。

两篇序文先后问世后，王公百官与僧侣俗民，无不额手称庆，歌颂德音！不到十二天，序文抄本已遍布长安内外，犹如慈云覆空，慧日重光！皈依佛门的人聚集如蚁，所谓"上化下有，如风靡草"。

　　唐太宗的《大唐三藏圣教序》和太子李治的《述圣记》为唐代佛教文化的"双璧"，时弘福寺寺主圆定及京城僧等，请镌二序文于金石，藏于寺宇。后寺僧怀仁历时二十五年集募晋右军将军王羲之之书拼成碑文，勒于碑石，二序很快风行天下，被传为名帖。

第二十九章 • ——

入慈恩寺

九月十八日，玄奘为唐太宗奉上《请经出流行启》，随后，又呈上在东宫翻译的《六门陀罗尼经》。其间，唐太宗披览玄奘翻译的《菩萨藏经》，十分欣赏，乃敕令太子李治为其经作后序。

　　此后，唐太宗益信佛法，福田功德不绝于口，与玄奘法师形影不离，他已初步兑现了"助师弘道"的诺言，还命令增加供给，经常更换应季的衣物和被褥。唐太宗早年戎马倥偬，继位后又为万民操劳，随后又出征辽东，栉风沐雨，班师回朝以来，精力不如往昔，时时流露出忧生之虑，经常与玄奘探讨一些功德之事。和玄奘晤面后，问道："欲树功德，何最饶益？"

　　玄奘回答道："众生寝惑，非慧莫启，慧芽抽殖，法为其资，弘法由人，即度僧为最。"

　　唐太宗闻言甚悦，于九月一日下诏。

　　　京城及天下诸州寺宜各度五人，弘福寺宜度五十人，共计度僧尼一万八千五百余人。

　　之前，由于受隋末天下大乱的摧残，天下寺庙，僧侣将要绝尽，蒙此一度，便成徒众，所以后人叹曰："美哉君子所以重正言也，此奘师之功莫大焉。"一时佛教复兴，形成繁盛的气象。佛教蒙润，无以言表。

冬十月，玄奘随唐太宗车驾还京，入住于唐太宗命令官府在宫城北阙紫微殿西边专门建造的弘法院里。在这里，玄奘"昼则帝留谈说，夜乃返院翻经"。

十月初，玄奘在紫微殿弘法院里潜心翻译《能断金刚般若婆罗蜜多经》一卷，奏报皇上时并论述旧译的失误。除此之外，玄奘又翻译了无性菩萨所释《摄大乘论》、世亲菩萨所释《摄大乘论》各十卷，《缘起圣道经》《百法名门论》《唯识三十论》各一卷。

在玄奘的影响下，十一月，太子李治"以其母文德皇后早弃万方，一心思报昊天,追崇福业"之由,在晋坊无漏寺遗址上营建的慈恩寺落成。整个工程，"穷班孪巧艺，尽衡霍良木"，"文石、梓桂、橡樟、并桐充其材"，建成之后为"重楼复殿，云阁洞房"，有房子一千八百七十间，敕令度三百名僧人，并请五十名高僧"同奉神居，降临行道"。寺内又增建"翻经院"，"其虹梁藻井，丹青云气，琼础铜沓，金环华铺，并加殊丽"。随后，太子李治又令玄奘法师自弘福寺移就大慈恩寺翻经院继续从事佛典翻译工作，任上座法师，纲维寺任。

十二月戊辰，移居之日，唐太宗为玄奘举行了隆重的入寺升座仪式。朝廷又敕旨，命令太常卿江夏王道宗将九部乐，万年令宋行质、长安令裴方彦各率县内音声及诸寺幢帐，并使务极庄严，齐集安福门街，迎接佛经佛像，并迎送玄奘入住大慈恩寺。至是所有发物，均陈列于通衢。计锦彩轩槛、鱼龙幢戏，凡一千五百多乘，帐盖五百多事。先是内出绣画等像二百多区、金银像两区、金缕绫罗幡五百口，宿于弘福寺，并法师西域诸国带来的经像佛舍利等，统统从弘福寺引出，安置在帐座及诸车上，依列而进。又于像前两边各附大车，车上竖长竿悬幡，幡后布狮子神王等为前引仪。又庄宝车五十乘坐诸大德；次京城僧众执持香花，呗赞随后；次文武百官，各将侍卫部列陪同；太常九部乐挟两边，二县乐队继其后。但见幢幡钟鼓，炫目浮空，震曜都邑，望之极目，不知其前后。太子李治

遣率尉迟绍宗、副率王文训练东宫千余人充手力，敕遣御史大夫李
乾祐为大使，与武侯相知检校。帝将皇太子、后宫等，于安福门楼
手执香炉，目而送之，身为欢悦。衢路观者数万人。经像至寺门，
敕赵公、英公、中书褚令执香炉引入安置殿内，奏九部乐、《破阵舞》
及诸戏于庭前而还。

三天后，举行度僧仪式。太子李治在仗卫的扈从、百僚的陪同
下到大慈恩寺礼佛，会见五十大德，讲述建造该寺的原因时，不禁
呜咽酸感，侍臣及僧共睹此景，无不为之哽泣。会罢大德，太子李
治遂登东阁，宣布大赦令等。继而巡历廊宇，至玄奘法师房，亲制
五言诗一首贴于户，诗谓：

> 停轩观福殿，游目眺皇畿。
> 法轮含日转，花盖接云飞。
> 翠烟香绮阁，丹霞光宝衣。
> 幡虹遥合彩，空外迥分晖。
> 萧然登十地，自得会三归。

玄奘复向唐太宗进启让曰：

> 沙门玄奘启。伏奉令旨以玄奘为慈恩寺上座。恭闻嘉命，
> 心灵靡措，屏营累息，深增战悚。玄奘学艺无纪，行业空疏。
> 敢誓捐磬，方期光赞，凭恃皇灵，穷遐访道，所获经论，奉敕翻译。
> 情冀法流渐润，克滋鼎祚。圣教绍宣，光华史册。玄奘昔冒危途，
> 久婴病疹。驽骞力弊，恐不卒业。孤负国恩，有罚无赦。命知僧务，
> 更贻重谴，鱼鸟易性，飞沉失途。伏惟皇太子殿下，仁孝天纵。
> 爱敬因心。感风树之悲，结寒泉之痛，式建伽蓝，将弘景福，
> 匡理法众，任在能人。用非其器，必有踬仆。伏愿睿情远鉴。

照弘法之福因。慈造曲垂，察愚鄙之忠款，则法僧无悔吝之咎，鱼鸟得飞沉之趣。不任沥恳之至。谨奉启陈情，伏用悚悸。

至此，玄奘已在慈恩寺翻经院译经十年之久，还根据自己对大乘佛教瑜伽宗长期研究的结果，创立唐代佛教的唯识宗、慈恩宗即源于此。

贞观二十三年（公元649年）夏四月，唐太宗李世民驾幸长安南终南山翠微宫，太子李治与玄奘陪同。抵达后，唐太宗除处理政务外，只与玄奘谈论佛法，问起因果报应及五印度先圣遗芳故迹，皆深信纳。唐太宗也许预感自己将不久于人世，几次对玄奘攘袂怅叹道："朕公师相逢晚，不得广兴佛事。"

五月二十四日，在唐太宗驾崩的前三天，玄奘译出不朽的《般若婆罗蜜多心经》，呈献给唐太宗。

此经虽然仅有短短的二百六十字，是般若经系列中一部言简义丰、博大精深、提纲挈领、极为重要的经典，为大乘佛教出家及在家佛教徒日常背诵的佛经。现以玄奘的译本最为流行。唐太宗看到这卷《心经》是否感到心安，史料没有记载。

五月二十六日，戎马一生的太宗驾崩于含风殿，驾崩的前一天，还特地要玄奘值夜。太子李治在枢前继位，逾年改元永徽。继位的唐高宗上承唐太宗对佛法的颂扬，对玄奘法师十分敬重：不断派朝臣慰问，频施财物，派御医替玄奘治病等，可谓关怀备至。

第三十章 · —— 高宗时代

玄奘随后返回慈恩寺后，心无旁骛，废寝忘食地专心译经，这一时期是他译经的黄金阶段。他每天严格要求自己，做到"计时分业"，如果白天没有完成译经任务，夜里必定秉烛疾书，继续翻译，完不成决不休息。玄奘一边夜以继日地译经，一边还要给弟子讲经说法。他不慕时荣，与青灯黄卷为伴，孜孜于译经传道之业，几乎没有一天好好休息过。他凭借如此顽强的毅力，度过了他生命中最后的日子。

　　据统计，玄奘从贞观十九年（公元 645 年）五月到龙朔三年（公元 663 年）十月期间，凭借渊博的知识，严谨的治学态度，终其一生，完备而系统地翻译佛经一千三百三十五卷，平均每年七十五卷，每月约六卷多，也就是每五天翻译一卷。

　　在中国的翻译史上，玄奘做出了空前的贡献，这是任何一位翻译家都无法比拟的。简直可以说，玄奘开辟了中国译经史上的新风格、新局面，从而也将中国的佛教译经事业推向巅峰。

　　在长期的译经实践中，玄奘创立了翻译理论，其中有"五不翻"：一、秘故，如陀罗尼；二、含多义故，如薄伽；三、此无故，如阎浮树，乃西土树种，中国无此木；四、顺古故，如阿耨菩提，已习惯，不须意译"正偏知"；五、生善故（意思别具之佛教词语），如般若尊重，智慧轻浅。既娴华言，另外，通晓梵文的玄奘一改古代译经者以"达意"为原则而信笔直译的译风，提倡忠于原典、逐字翻译、融会直译、意译之译经新规，被誉为"新译"，其自创新风，开创了中国翻译史上一个新时代。

同时，因玄奘任慈恩寺上座法师，每天要处理日常寺务，"僧事复来谘禀。复有内使遣营功德，前后造一切经十部，夹纻宝装像二百余躯，亦令取法师进止，日夕已去。寺内弟子百余人，咸请教诫盈廊溢庑，皆酬答处分无遗漏者。虽众务辐辏，而神气绰然无所拥滞。犹与诸德说西方圣贤立义诸部异端，及少年在此周游讲肆之事。高论剧谈，竟无疲怠。其精敏强力过人若斯。复数有诸王卿相来过礼忏，逢迎诱导，并皆发心，莫不舍其骄华肃敬称叹"。

永徽二年（公元651年），玄奘翻译《受持七佛名号所生功德经》一卷、《大乘大集地藏十轮经》十卷、《阿毗达摩藏显宗论》四十卷、《阿毗达摩俱舍论本颂》一卷、《阿毗达摩俱舍论》三十卷、《大乘成业论》一卷。

春正月壬寅。瀛洲刺史贾敦颐、蒲州刺史李道裕、谷州刺史杜正伦、恒州刺史萧锐因朝集在京都。公事之暇相命参法师请受菩萨戒。法师即授之，并为广说菩萨行法，劝其事君尽忠临下慈爱，群公欢喜辞去。癸卯各舍净财，共修书遣使参法师，谢闻戒法。

永徽三年（公元652年）春三月，玄奘以"恐人代不常，经本散失，兼防火难"为由，拟在慈恩寺寺正门外南端建造一座石塔，用来妥善安置从印度带回的佛像、舍利和梵文经典，并附图上奏唐高宗。经过唐高宗的许可，便在慈恩寺的西院营建仿西域窣堵坡形制雁塔。原拟建石塔高三十丈，后估计大功难成，又不愿法师辛劳为由，恩准朝廷资助建造五层砖塔。改用砖造，砖面土心，其平面呈正方形，由塔基、塔身、塔刹组成。塔体磨砖对缝砌成，结构严整，坚固异常。该塔一共有五层（武则天在长安年间重建时改建为七层），不可攀登，并相轮露盘，凡高一百八十尺，层层中心皆有舍利，或一千两千，凡一万余粒。上层以石为室，南面有两座石碑，载二圣《三藏圣教序》《述圣记》，两碑建于唐永徽四年（公元653年）。《三藏圣教序》

由右向左书写，置于西龛，《述圣记》由左向右书写，置于东龛。
其书由时任尚书右仆射的著名书法家褚遂良书写。此塔施工期间，
玄奘亲负篑箕，担运砖石，首尾两年，功业始毕。

唐代诗人岑参曾在诗中对此塔赞道：

> 塔势如涌出，孤高耸天宫。
> 登临出世界，磴道盘虚空。
> 突兀压神州，峥嵘如鬼工。
> 四角碍白日，七层摩苍穹。

大雁塔的恢宏气势由此可见一斑。

夏五月，中印度国摩诃菩提寺大德智光、慧天等致书于玄奘法师。
智光对于大小乘佛法及彼外书、四《韦陀》五明论等莫不洞达，即
戒贤法师门人之上首。而慧天对于小乘佛法十八部，该综明练，匠
诱之德，亦彼所推重，法师游西域日常共切磋，彼虽半教有功，然
未措心于《方等》，为其执守偏见，玄奘恒诋诃，在曲女城法集之时，
又深受教育，因此感愧交集，惜别后，念念不忘。乃使同寺沙门法长，
将书并赍赞颂及氎两端，崇拜之心不减当年。其书曰：

> 微妙吉祥世尊金刚座所摩诃菩提寺诸多闻众所共围绕上座
> 慧天。致书摩诃支那国于无量经律论妙尽精微木叉阿遮利耶。
> 敬问无量少病少恼。我慧天苾刍今造佛大神变赞颂及诸经论比
> 量智等，今附苾刍法长将往。此无量多闻老大德阿遮利耶智光
> 亦同前致问，邬波索迦日授稽首和南。今共寄白氎一双，示不
> 空心，路远莫怪其少，愿领。

永徽五年（公元654年）春二月，法长也要回国弘法，便向玄

奘辞行。玄奘译经之余，分别复书智光、慧天，并赠礼品，又附前归国途中渡印度河失落的经本目录，请设法搜集齐寄来。

玄奘在大唐都城长安弘法实践，对中国佛教的发展产生了极其深远的影响，也对东南亚的佛教产生了重大的影响，以至于后来形成了佛学东渐局面。

薪火相传，永徽四年（公元 653 年），也就是日本孝德天皇白雉四年，入唐的日本僧人道昭在长安拜玄奘为师，从受法相宗教义，回国后成为日本法相宗的第一代祖师。显庆三年（公元 658 年）入唐的日僧智通、智达亦曾拜玄奘为师，业成返回，并成为日本法相宗的第二代祖师。

中国的唯识宗对朝鲜的影响也是举足轻重，到朝鲜忠烈王（公元 1278—1298 年）时，经由道证、韶显和义天等的努力，宗尚唯识学的名僧遍布于整个朝鲜半岛，多达数百人。

由此可见，玄奘对促进佛教文明在东方的发展和传播，做出了巨大的贡献。玄奘一生追求真理、传播真理，并将真理圆融、智慧传播，是他成为法门领袖的重要原因。

永徽六年（公元 655 年），唐高宗不顾长孙无忌、褚遂良等臣属的激烈反对，废王皇后和萧淑妃，册立武则天为皇后。

是年夏五月，玄奘法师以正译之余，又翻译了《理门论》。又先于弘福寺翻译了《因明论》。此二论各一卷。玄奘曾将这两部介绍印度逻辑学的专著为其门徒进行宣讲，弟子神泰、靖迈、明觉遂竞相作疏解，各抒己见。

当时译经僧栖玄将其论示尚药奉御吕才，才遂更张衢术，指其长短，作《因明注解立破义图》三卷，列举四十余条不同建议，大肆驳斥玄奘三门徒。对玄奘攻击道："法师等若能忘狐鬼之微陋，思句味之可尊，择善而从，不简真俗，此则如来之道不坠于地，弘之者众，何常之有．必以心未忘于人我，义不察于是非，才亦扣其两端，犹拟质之三藏。"

七月一日，秋七月己巳，译经沙门慧立闻而慭之，因致书于左仆射燕国于公论其利害。收到信后，于志宁将这一事件当朝提出，凭自己的威望和资历暂时压制了吕才等人的公然挑衅，但风波并没有彻底平息。

十月一日，得知此事后，太常博士柳宣作《归敬书偈》，让他们对吕才的质疑给予正面回应，不要默不作声或去寻求朝廷大臣的背后支持。

收到柳宣的信三天后，十月四日，译经僧人明璿终于以个人名义进行答复，在《还述颂》中指出了吕才的学术错误，且明确宣示吕才的来者不善，动机不纯。

七日，柳宣把明璿的回信拿给吕才过目，这一次，吕才依旧不依不饶，直接上奏给唐高宗。

十一月，唐高宗下令，吕才前往慈恩寺与众译经僧人直接辩论，由于志宁、杜正伦等人组成观察团，监督辩论。面对吕才有限的佛学和语言知识，早就称雄于印度各大辩论赛的玄奘，赢得毫无悬念。吕才很快败下阵来，"词屈，谢而退焉"。

第三十一章　——　风烛残年

鉴于去年翻译《因明论》而引发的学术论争，玄奘更加意识到要大力"弘扬佛法"，必须得到朝廷的支持，便主动上书唐高宗，请求朝廷派遣官员监督自己译经。唐高宗很快答应下来，下旨以燕国公于志宁、中书令来济、礼部尚书许敬宗、黄门侍郎薛元超、中书侍郎李义府、中书侍郎杜正伦六人组成监督团队，负责对玄奘译经工作的督导，"时为看阅，有不稳便处，即随事润色"。

　　唐高宗显庆元年（公元 656 年），唐高宗撰写完大慈恩寺寺碑，玄奘又奏请唐高宗御笔手书碑文，刻石勒碑，永垂不朽。

　　当日罢朝后，唐高宗派内给事王君德前来答复玄奘，说："法师所需官员协助译经，已安排于志宁等前来，其碑文朕准备亲自撰写，不知法师对此是否满意？且令相报。"

　　唐高宗获许，玄奘又上表陈谢。

　　阳春三月，唐高宗将大慈恩寺御制碑文草成，敕遣太尉公长孙无忌，以碑宣示群公满朝文武，听完长孙无忌读完大慈恩寺御制碑文，联合上表陈谢，无不称颂。

　　四月八日，碑文写就，物色名匠将唐高宗李治手书御碑镌刻完毕，文采书法相映生辉，成为法苑的瑰宝。六天后的四月十四日一早，礼部尚书许敬宗将碑文送至大慈恩寺，玄奘率长安城数千名僧尼来到皇宫芳林门迎请，但见仪仗乐队，宝盖幢幡，依次排列，声势浩大的迎送队伍长达三十余里，从芳林门绵延至慈恩寺，一路之上，灿然盈满，人声鼎沸，热闹非凡。高宗与武后亲临安福门（唐长安皇城西墙北门）城楼上，望着浩浩荡荡的迎碑队伍，神色愉悦。

迎请队伍把碑石恭迎到慈恩寺，安置在官府佛殿前东南角上专门建造的御碑亭下。此亭上面飞檐覆宇，下面雕栏玉砌，亭顶饰以仙掌露盘，与宝塔形状类似。

高宗兼擅楷、隶、草、行各体，尤其精于"飞白"体。碑文用行书书写，又用"飞白"体写了"显庆元年"四字，极为神妙。此碑立于慈恩寺后，每日前来看碑文的人众多达数千。文武三品以上官员，欲要拓碑临摹，要皇上下诏许可。

御碑迎到慈恩寺内，次日，玄奘又引寺僧至朝廷进表陈谢。

显庆元年（公元 656 年）五月，忙于翻译佛经的玄奘，旧疾复发，生命垂危，道俗忧惧。玄奘因早年勤苦学习，此后又壮岁西游，跋涉冰山雪岭，遂患冷病，每发作起来气喘封心，多年来全靠药物维持，才得以幸免。唐高宗闻报后，连忙派遣太医院御医将孝璋、针医上官琮细心治疗，所须药物，由内府专送。每天宫内派来看病的使者，有数起。甚至夜间都派遣内行前来伺候。孝璋等御医昼夜不离，悉心治疗，经于五日方损，内外情安。

玄奘从显庆元年七月二十七日开译《阿毗达摩大毗婆沙论》二百卷，内分八蕴（旧译犍度，即篇章之意），每蕴又有若干纳息（旧译跋渠，或译云品），直到显庆四年七月三日毕。沙门嘉尚、海藏、神昉、大乘光笔受，神察、辨通执笔，栖玄、靖迈、慧立、玄则缀文，明珠、惠贵、法祥、慧景、神泰、普贤、善乐证义，义褒、玄应正字。

玄奘尚在病中，还为争取佛教的社会地位，提高佛教徒的特权而努力。因早在贞观十一年（公元 637 年）春，太宗曾下敕曰："老子是朕祖宗，名位称号，宜在佛先。"当时虽有法常、普应等数百僧众抗辩于朝堂，未获改正。玄奘归国后，屡次内奏，太宗答应可以商量，未果而崩。到了永徽六年（公元 655 年），唐高宗又下敕，僧道等犯罪依俗法推勘的制度，致使边远朝官，对僧人过无大小，动辄枷杖，毁辱为甚。玄奘一直为此二事忧心，命垂旦夕，担心以后没有机会晋见高宗，于是吩咐人陈奏前二事：

> 于国非便，玄奘命垂旦夕，恐不获后言。谨附启闻，伏枕惶惧。

高宗于是敕遣报。

> 所陈之事闻之，但佛道名位，先朝处分事须平章。其同俗，敕即遣停废。师宜安意，强进汤药。

高宗盛怒之下，断然驳回奏章，这对风烛残年的玄奘无异于棒击，加重了他的病情。

到了二十三日降敕。

> 道教清虚。释典微妙，庶物藉其津梁，三界之所遵仰。比为法末人浇，多违制律，且权依俗法，以申惩诫。冀在止恶劝善，非是以人轻法；但出家人等，具有制条；更别推科，恐为劳扰。前令道士、女道士、僧尼有犯，依俗法者宜停，必有违犯，宜依条制。

玄奘蒙此圣泽，上表谢恩。

唐高宗览表，知道玄奘病愈，于是遣使迎他入宫，安置于凝阴殿院之西阁供养。在此期间，他仍译经不辍，或经二旬、三旬方乃一出。

显庆元年（公元 656 年）十二月，唐高宗武皇后生子，请玄奘为皇子剃度。于是中宗出生之后，唐高宗就给他赐号叫"佛光王"。

显庆二年(公元657年)二月,唐高宗驾临洛阳宫,敕令玄奘陪从,随从翻译僧五人,弟子一人,在翠微宫继续译经。

　　四月,玄奘伴驾唐高宗避暑于明德宫,住飞华殿译经。五月,唐高宗敕令玄奘还于洛阳积翠宫殿译经。并敕报法师说:"其所欲翻经论无者先翻,有者在后。"

　　玄奘进表曰:"所翻经论,在此无者宜先翻,旧有者在后翻。但《发智毗婆沙论》有二百卷,此土先唯有半,但有百余卷,而文多舛杂。今更整顿翻之,去秋已来,已翻得七十余卷,尚有百三十卷未翻。此论于学者甚要,望听翻了。余经论有详略不同,及尤舛误者,亦望随翻,以副圣述。"唐高宗的这条建议被玄奘驳回,搞得他有失颜面。

　　玄奘伴驾洛阳期间,经唐高宗既蒙敕许,抽暇回故乡缑氏县陈河村,与姐张氏相晤,并改葬父母遗枢,一应费用,并由官给。洛阳僧俗前来送葬者逾万。

第三十二章。——重弘般若

玄奘经此大病之后，气力不复如前，健康日下，翻译每感力不从心，且居京洛，杂事甚烦，遂生厌离京洛、入山修禅之心。九月二十日，再次上表入少林译经的要求，而唐高宗决然不许，并于次日亲自给玄奘报书答复说："道德可居，何必太华叠岭；空寂可舍，岂独少室重峦？幸戢来言，勿复陈请。"

原来，玄奘在洛阳译经期间，常年与皇上卿相接触，无暇专心致志译经，遂欲敛迹少林，遂上书请求，竟遭拒绝，不得已仍回洛阳，在积翠宫继续译经。

十一月，玄奘从故乡营葬归来，在积翠宫继续译经，无时暂缓，年迈力衰，积劳成疾。得到奏报的高宗，即遣供奉内医吕弘哲带上敕旨慰问法师。玄奘自觉心痛胸闷，骨酸肉楚，饮食减少，力气渐微。经过数日诊疗休养，玄奘觉得失散的体力渐渐恢复，他挣扎着倚在床头，给唐高宗上表谢罪。

唐高宗看到进表，获知玄奘病情渐渐消退，便安下心来，心情变得愉悦起来。几日后，派使者将玄奘接入宫里，尽心供养，衣食住行，事事有人悉心照顾。居住数日，才敕令把玄奘送回积翠宫继续译经。

冬十二月，唐高宗诏改洛阳宫为东都，嫌封畿之褊隘，乃东分郑州之氾水、怀州之河阳，西废谷州可宜阳永宁新安渑池等县。皆隶属焉。玄奘法师以乡邑增贵，为京城领地。修表贺。

显庆三年（公元658年）二月四日，玄奘随唐高宗返回长安。

夏六月十二日，唐高宗为皇子营建的西明寺竣工。为表示优礼，唐高宗敕玄奘于七月徙居西明寺。七月十四日，为迎接玄奘入居新寺，举行了声势浩大的迎佛大典，典礼之盛与入慈恩寺及迎碑时相仿。敕令西明寺供给玄奘法师上房一间，并新剃度沙弥十人充当弟子。

自此，玄奘翻译的佛典已达到六百多卷。显庆四年（公元659年）七月，鉴于前代所译大乘佛教中观宗的根本经典《大般若经》零星不全，且多漏误，徒众几请重译，乃决心重译，借以使瑜伽学说会通于般若。但由于《大般若经》部帙巨大，居于京师事务繁多，玄奘不得专心译经。加上近几年疾病侵身，体力衰竭，深感人寿无常，唯恐译事难成。之前两次请求入山译经，均遭拒绝，但仍再次上表唐高宗请求距离京师较近而又比较僻静的玉华寺内致力译经。表文措辞坚决，终获批准。

十月，玄奘率译场诸僧及弟子等至坊州玉华寺（太宗驾崩后，玉华宫改为玉华寺），居肃成院，专门从事《大般若经》的翻译工作。今其遗址前，遗存一株佛教圣树——娑罗树，是玄奘手植根生第二代。手植树于1947年被烧毁。

显庆五年（公元660年）春正月一日，玄奘开始翻译《大般若经》，时诸大德以经文二十万颂，曾请仿照罗什的译例，删节译之，而玄奘执意不肯，坚持一如梵本，不删一字。并在翻译时，参照所赉来的三种梵本，文有疑误，即详加校定，殷勤省覆，审慎周详。他的上首弟子大乘光、大乘钦、嘉尚等在场笔受。玄奘译时每虑无常，经常勉励诸人努力加勤，莫辞劳苦。

尤其嘉尚担任翻译《大般若经》的证义和缀文，他曾在武周朝日照三藏的译场合薄尘、灵辩等同为证义，特别对《成唯识论》的深奥意义理解得非常透彻。

龙朔三年（公元663年）十月二十三日，玄奘已是六十八岁的老人了，六百卷的《大般若经》终于告成，玄奘合掌欢喜，告途中道：

"此经与汉地有缘，玄奘来此玉华者，经之力也。向在京师，诸缘牵乱，岂有了时？今得终讫，并是诸佛冥加，龙天拥佑。此乃镇国之典，人天大宝，徒众宜各踊跃欣庆。"

玉华寺为庆贺大功告成，设斋供养。迎经之时，《大般若经》大放光明，弥漫着异香，众人暗暗称奇。

翻毕《大般若经》，已年过花甲的玄奘自觉身力衰竭，知无常将至，将诸徒众集合起来，告知说："吾来玉华，本缘《般若》，今经事既终，吾生涯亦尽，若无常后，汝等遣吾宜从俭省，可以蘧蒢裹送，仍择山涧僻处安置，勿近宫寺，不净之身宜须屏远。"

门徒闻言，十分哀伤，擦着泪水说："和上气力尚可，尊颜不殊于旧，何因忽出此言？"

玄奘说："吾自知之，汝何由得解。"

麟德元年（公元 664 年）正月初三，玉华寺译经诸僧极力邀请玄奘开始翻译另一部一百二十卷的《大宝积经》。玄奘见盛情难却，于是勉强坐在案边，吃力地打开梵本的《大宝积经》，翻译数行后，踌躇一会儿，便收起梵本，对众僧说："此经部轴与《大般若经》通，玄奘自量气力不复办此，死期将至，势非赊远。今欲往兰芝等谷礼辞俱胝佛像。"

说罢，就与潜然饮泣的众僧一同前往附近的兰芝谷去礼拜十万佛像，向诸佛告别。礼拜后，玄奘自此绝笔翻译，并对徒众预嘱后事。

正月初八，其弟子高昌僧玄觉梦见一座佛塔轰然倒塌，惊醒之后，起来告知玄奘。玄奘说："非汝身事，此是吾灭谢之征。"

正月初九暮间，玄奘在房后跨越门槛时失足跌倒，脚胫擦破了一些皮肉，因此病倒，神色越来越差。至十七日，遂命弟子嘉尚录所翻译论，合计七十五部，总共一千三百三十五卷，又录俱胝画像、弥勒像各一千帧，又造塑像十俱胝，又写《能断般若》《药师》《六门陀罗尼》等经各一千部，供养悲敬二田各万余人，烧百千灯，赎数万生。录毕，令嘉尚宣读，听罢，合掌喜庆。

至二十三日，设斋嚫施，因从寺众及翻经大德并门徒等乞欢喜辞别，云："玄奘此毒身深可厌患，所作事毕，无宜久住，愿以所修福慧回施有情，共诸有情同生睹史多天弥勒内眷属中，奉事慈尊；佛下生时亦愿随下广作佛事，乃至无上菩提！"

至二月五日夜半，守候在玄奘榻前的弟子们见他无声无息，弟子普光跪在面前轻轻呼唤："师父，师父。"

玄奘缓缓睁开眼睛，费力环顾左右说："我该走了！"

弟子普光强忍着悲痛，问道："师父决定得生弥勒内众不？"

玄奘声音洪亮地说道："得生。"

言讫，气息渐微，少间神游，侍人不觉。

后半夜，慈恩寺僧人明慧在佛堂诵经，他抬头望时，发现有四道白虹从北向南横亘，到慈恩寺方止，皎洁分明。天象预示着什么呢？突然，联想到如来涅槃时，亦有白虹十二道从西方直贯太微，明慧大胆猜测，难道是玉华寺的玄奘法师要出事？

麟德元年（公元 664 年）二月初五，玄奘圆寂于长安玉华寺，世寿六十九。他辛勤翻译经论，直到逝世前才怏然搁笔，几无一日虚耗光阴，唯恐生命所限，完不成任务，常常三更就寝，五更起身，其一生共译七十五部经论，一千三百三十五卷，一千三百多万字，弘扬印度佛教大乘瑜伽行派学说，创立中国佛教法相宗，桃李满天下。其弟子基（旧作窥基）成为中国法相宗的理论奠基者。玄奘法师大德传业，旷迈古今，人称佛教伟人。在中国甚至世界佛教史上，玄奘精神的佛光，千古生辉，万世不泯，永放光芒。

当玄奘逝世的噩耗传至长安，唐高宗闻讯哀恸逾恒，为之罢朝三日，连声哀叹："朕失国宝矣！朕失国宝矣！"并追谥"大遍觉"之号。满朝文武百官莫不悲哽流涕。翌日，唐高宗又对群臣说："惜哉，朕国内失奘师一人，可谓释众梁摧矣，四生无导矣。亦何异于苦海方阔，舟楫遽沉。暗室犹昏，灯炬斯掩。"其月二十六日，下敕曰："窦师伦所奏，玉华寺僧玄奘法师既亡，葬事所须并令官给。"至三月六日，又有敕曰："玉华寺奘法师既亡，其翻经之事且停。已翻成者准旧例官为抄写，自余未翻者，总付慈恩寺守掌，勿令损失。其玄奘弟子及同翻经僧，先非玉华寺僧者，宜各放还本寺。"至三月十五日又有敕曰："故玉华寺僧玄奘法师，葬日宜听京城僧尼造幡盖送至墓所。"

玉华寺僧众恪守玄奘法师的遗命，仍以苇席包裹着玄奘遗体奉旨送抵长安，暂时安置于慈恩寺的翻经堂内。玄奘的灵柩停放在慈恩寺期间，弟子数百人望哭哀恸，京城的僧俗来吊者，每日数百起。

四月十四日，遵玄奘遗嘱，葬于浐水之滨白鹿原。当玄奘的灵柩运往白鹿原安葬的当天，京城诸州五百里送葬者超过百万人，飘浮在空中的素盖素幢与白云相合，悲哀的经声、梵音响彻云霄。

据史料记载，玄奘圆寂前，曾希望自己的葬礼"宜从俭省，可以蘧蒢裹送，仍择山涧僻处安置"。实际上，他的葬礼既不简朴，也不安静。虽违背了玄奘大师的遗愿，却也表现出世人对佛学大师玄奘的敬仰之情。

入夜后，缁素宿于墓所为玄奘守灵者三万余人。迨至总章二年（公元 669 年），迁葬于樊川北原，并营建佛塔和庙宇。